こうして流山市は人口増を実現している

淡路富男 著

同友館

本書の企画意図と目次（リーディングガイド）

◆本書の企画意図

　この書籍は，「15年間で，定住人口を1.24倍に増やした流山市の人口増の取組み」を，「なぜ実現できたのか」といった問題意識から，「その実現要因」を明らかにするために企画したものです。

　内容は，成功例の紹介だけではなく，人口増の推移と流山市の取組みの軌跡を分析し，そこから人口増をもたらした要因を，誰もが実践可能な「7つの経営要因」として体系化し，成果編と方法編に2分して明示し，下記の読者ニーズに対応することを意図したものです。

―主に第Ⅰ部　成果編での対応―

1．人口増の推移と流山市の取組みの軌跡を知りたい
2．人口増を実現した流山市の考え方と体系を理解したい
3．流山市の産業・雇用・市政の成果と未来戦略を知りたい

―主に第Ⅱ部　方法編での対応―

4．人口増をもたらした体系の詳細を知り実践したい
5．人口増に関連するKSF（重要成功要因）を知りたい
6．流山市の人口増戦略を学習し実践したい

　第Ⅰ部の成果編では，人口増の推移，関連する重要政策の成果と内外からの評価，それを可能にした流山市の「経営モデルの概要」を明らかにしました。第Ⅱ部の方法編は，経営モデルの詳細である「7つの経営の仕組み」の紹介です。流山市の住む人，働く人，学ぶ人，健康な人の増加には，明確な意図とそれを可能にする行政経営の体系があります。以上の内容のポイントを，次の「目次とリーディングガイド」で明らかにしました。ご活用ください。

◆本書の目次とリーディングガイド

第Ⅰ部 成果編：こうして，流山の未来は変わります

　第Ⅰ部の成果編では，流山市の未来を変えた「人口増実現の軌跡」と関連する「数々の実績」を確認し，人口増をもたらした流山市の取組みの概要を，エビデンス（流山経営モデル）と共に学習します。

序章　流山市長講演：人口減少時代を生き抜く4つの条件

　　1.井崎市長講演：「人口減少時代を生き抜く4つの条件」　*10*

　　2.流山市：人口増加率県内1位，推計人口増加率でも県内1位　*19*

Guide 街づくりに関する流山市の最新の考え方と実践例を明らかにします。それは，人口増，そして人口ピーク後も人口が減少しない，しにくい街づくりに挑戦する，流山市の現在と未来の4つの戦略です。街づくりに関する多くのヒントが得られます。

第1章　人口増の軌跡と協働と共創の経営モデル

　　1-1　流山市の人口増と市政の軌跡　*22*

　　1-2　代表的政策①1円まで活かす市政　*36*

　　1-3　代表的政策②市民に役立つ行政サービス　*40*

　　1-4　人口増をもたらした流山経営モデルの概要　*46*

Guide 人口増とそれに関する流山市の取組みの軌跡分析から，人口増に貢献した代表的な政策を概説します。ここから，人口増を可能にした流山市の政策の底流には，組織に成果をもたらす協働のマネジメントと，政策に成果をもたらす共創のマーケティングを柱とする「流山経営モデル」の存在があることを学習します。重要な部分です。

第2章　流山市の実力：業績と内外評価

　　2-1　移住者と交流者を増やす　*56*

　　2-2　経済産業活動の活性化と雇用の創出　*60*

2-3　外部評価から見た流山市の実力　*64*

Guide　マネジメントとマーケティングをエビデンス（根拠）とする流山経営モデルは，人口増と内外から高い評価を得る政策を次々と産出します。「政策適合→市民増加→雇用創造→財政改善」とする価値の連鎖が実現します。多分野での成果から「流山経営モデル」の実力を確認します。適切な経営の仕組みは，良好な成果を組織と地域にもたらします。

第Ⅱ部　方法編：流山市に人口増をもたらした7つの経営の仕組み

　第Ⅱ部の方法編は，第1部で明らかにした「流山経営モデル」の詳細です。人口増を実現し，流山市役所を信頼される組織に再生した流山経営モデルの要素を，7つの経営の仕組みとして編成し，その詳細を実例や市長のコメント，担当部署の見解を交えて明記します。他自治体が，この流山経営モデルを活用することで，流山市と同じような成果を手にする可能性が高まります。

第3章　仕組み①：市長は真摯で市民起点です

3-1　組織に必要なのは尊大なリーダーではない　*74*

3-2　成果を出せるリーダーの4条件　*84*

Guide　リーダーとは地位や特権でもなく「役割」「仕事」です。流山市には，地域ビジョンと市役所の使命を明示し，それを職員や市民と実現に向けて歩む，真摯で実行力のあるリーダーがいました。リーダーの重要性とその役割遂行に不可欠な4条件を学習します。

第4章　仕組み②：未来を明示しそれを実現する仕組みがあります

4-1　地域ビジョンを創造する／総合計画　*96*

4-2　地域ビジョンを具体化する仕組みの構築／行財政改革　*106*

4-3　基本的な考え方の浸透と自己評価　*122*

5

Guide 形式的な総合計画を,「都心から一番近い森のまち」とすることで,地域ビジョンの具現性を高めます。次にそれを担う行政組織を，3回にわたる行財政改革で市民起点で経営力・改善力のある組織に改革します。社会に貢献できる組織改革の王道です。人口増における総合・基本計画の役割，行財政改革の重要性を学習します。

第5章　仕組み③：現市民と将来市民のニーズを理解しています

5-1　市民の細分化と市民ニーズの理解　　*128*

5-2　潜在ニーズを把握する　　*136*

5-3　将来市民のニーズを理解する　　*142*

5-4　市民との信頼関係を構築する　　*146*

5-5　市民の評価を活用する　　*152*

Guide 行政組織が，人口増に貢献する先駆的な政策を継続的に立案するには，現市民と将来市民のニーズ把握力が必要になります。また、市民との信頼関係がなければ，市民の本音（潜在ニーズ）を聴きとることはできません。市民からの高い信頼と定住意識を獲得している流山市の取組みに着目します。

第6章　仕組み④：全員経営を実践しています

6-1　全庁経営の仕組み：トップダウン　　*158*

6-2　部局経営の仕組み：ミドルアップ　　*162*

6-3　政策の現場までの展開：ボトムアップ　　*168*

Guide 総合・基本計画を，市民ニーズを柱に，全庁目標・方針に基づいて，組織内に効果的，効率的に展開する経営の仕組みを学習します。部長を市政を担う部の経営者とする流山市では，地域ビジョンの具体化は，4章で構築した経営の仕組みを活用し，5章の市民ニーズを起点とし，本章の全庁目標・方針に基づいて，各部・各担当に展開し実行する，市民起点の全員経営を志向しています。

第7章　仕組み⑤：地域価値をマーケティングで共創しています

7-1　流山市のマーケティング体系　*172*

7-2　マーケティング課の役割とシティセールスプラン　*180*

Guide 3章から6章までの市民起点の経営の仕組みで積み上げてきた内容は，政策形成で使用するマーケティングの仕組みで具現化されます。本章では，マーケティングの導入・活用による成功の積み重ねが，行政組織をマーケティング志向に変えていく過程と内容を学習します。また，その活動の中心になったマーケティング課の活躍と今後の課題を学習し，行政におけるマーケティングの有用性を確認します。

第8章　仕組み⑥：市民起点の組織を担える人材を育成しています

8-1　流山市の人材育成　*192*

8-2　人材育成の仕組み　*196*

8-3　個人の能力を発揮する仕組み　*200*

Guide 各自治体は，人口減少が止まらない中，これまでとは異なる新たな行政職員像が求められています。厳しい環境下で，少数精鋭で成果を出している，流山市の人材育成の明確な位置づけ，考え方，内容を学習します。

第9章　仕組み⑦：協働で地域社会を共創しています

9-1　自治基本条例の制定　*204*

9-2　イベントとNPOを通じた協働と共創　*208*

9-3　子どものそばで働ける街づくり　*212*

Guide 協働による共創は流山市の特徴の1つです。また多様，複雑，そして高度化する社会では，市民と関係者との協働による共創は，地方経営には不可欠な要素です。流山市の協働には「主役は市民。行政の役割は市民活性化の環境整備にある」とする考えがあります。ここから多様で多彩な周囲を魅了する市民活力が生まれます。

終章　マイナスからスタートした流山市の人口増戦略

2M：Management&Marketing による流山市の挑戦

1. 無名で借金も多いマイナスからの出発　*218*

2. 共創型政策マーケティング第1段階／分析する　*221*

3. 共創型政策マーケティング第2段階／立案する　*223*

4. 共創型政策マーケティング第3段階／具体化する　*224*

5. 流山市の取組みから：職員すべてに必要な2つのこと　*227*

Guide　井崎市長は市のマーケティング体系はまだ未整備とします。しかし，「マーケティングの父」であるコトラーのマーケティング体系を活用して，流山市の人口戦略を体系化することは可能です。終章はコトラーのマーケティング体系を活用した流山市人口増戦略の内容です。

※本書に関する参考情報は，下記のYouTubeで動画形式で多数掲載してあります。「淡路富男」でも検索可能です。ご活用下さい。

https://youtube.com/channel/UCKmN1mLRCoPAuSx7tnNgoVA/videos

第Ⅰ部

母になるなら，流山市。

成果編：
こうして，流山の
未来は変わります

こうして流山市は人口増を実現している

序章

流山市長講演
人口減少時代を生き抜く
4つの条件

条件① 「母都市への利便性」向上
条件② 「良質な住環境」の維持・向上
条件③ 「快適で楽しい都市環境」の創出
条件④ 「ブランディング戦略」の推進

流山未来戦略

「都心から一番近い森のまち」の戦略

人口増，そしてピーク後も
人口が減少しない，しにくい街を
創造する戦略

1. 井崎市長講演：「人口減少時代を生き抜く4つの条件」

　NHKの朝の看板番組「あさイチ」など，様々なメディアで，市民を増やしている市として紹介されている流山市の市長である井崎義治氏の講演会が，2018（平成30）年3月，流山商工会議所で開催されました。講演のタイトルは「人口減少時代を生き抜く4つの条件～安心して住み続けられる流山市にするために～」です。内容は，「都心から一番近い森のまちづくり」や，「母になるなら，流山市。」で成果をあげてきた流山市の現在とこれからの経営戦略です。

　流山市は，1991年のバブル崩壊以降の人口と地域経済の低迷，少子高齢化による財政逼迫への対応が問われていました。2003年に初当選した井崎市長は，その状況からの脱却と将来への展望を切り拓くため，「子育てにやさしい街が，伸びる街」とする戦略を実践します。

　対象を特定することから，行政には不適とされたこの「選択と集中の戦略」が，市民と移住希望者のニーズに適合し，視察に訪れる関係者の多くが感嘆するほどの成果を積み上げることになります。そして，これからは「子どものそばで働ける街が，伸びる街」とする流山未来戦略への展開になります。

　この戦略構築に静かなリーダーシップを発揮してきた井崎市長が，流山市の将来人口推計で，人口ピーク（206,069人）を迎えるとされる2027年以降も，人口が減少しない，しにくい流山市を創るための未来戦略，「4つの条件」を発表します。

流山市長講演　人口減少時代を生き抜く4つの条件

序章

条件1 最重要なのは「母都市への交通利便性とアクセス改善」

　井崎市長は，人口減少時代を生き抜く最初の条件として，「母都市への交通利便性」の説明から始めます。東京の衛星都市である流山市は，太陽と太陽系の惑星の関係のように，東京のエネルギーをどれだけうまく取り込みプラスに享受できるかが，流山の発展の鍵を握るとします。

　流山市には，東京を惑星の中心になる母都市と位置づけ，自動車，鉄道，他の交通機関による，母都市へのアクセスの向上が最重要の条件と説明します。さらに，東京都心から流山市に通じる高速道路インター，駅，バス停から，市内全域に接続するローカルな交通体系の整備と連動が重要とします（下図参照）。

　この母都市の考え方は，全国の大中都市郊外にあるすべての自治体の盛衰の鍵を握る共通因子です。自分の街を隣接だけではなく，広域，さらに日本や海外との地理的，経済的ポジションの中で考え，戦略を構築することの重要性を示唆します。

交通利便性の向上　つくばエクスプレス（TX）＋バス路線整備

○流山おおたかの森駅
　西口ロータリーに
　次々と乗り入れる路線バス

○緑の車両…市コミュニティバス
　「ぐりーんバス」

◎バス運航便数
　平成17年度 9,718便
　⇒平成28年 61,614便 6倍

◎バス利用者数
　平成17年度 51,449人
　⇒平成28年 736,328人 14倍

資料出所：流山市

条件2 「良質な住環境」とその維持・向上

◆人口減少時代の住環境維持の鍵は「緑」

　2つめの条件は「『良質な住環境』とその維持・向上」とします。市民の方に，流山市の住み良さを聞くと，「都心へのアクセスがしやすいことと，緑の多い自然と落ち着いた街並み，そして静かな住宅地が気に入っています」と答えてくれます（下図参照）。

　井崎市長は，「人口減少時代には，不動産市場が売り手市場から劇的な買い手市場に代わります。その不動産市場で価値を維持するために重要なことは，量ではなく質にこだわった街です。不動産市場が低迷しても人気を維持し需要が減らない住宅地とは，緑が多く，緑化できる敷地を持つ，良質な住環境を有している住宅地」とします。これは，井崎市長が過去，仕事をしてきた日本を除く10ヵ国100余りの都市で共通とします。「良質な住宅街」といわれるところは，世界中どこへ行っても緑が非常に豊かで，あるいは自然美を活かしているとします。

資料出所：流山市

流山市長講演　人口減少時代を生き抜く4つの条件

◆グリーンチェーン認定制度を導入

そこで井崎市長は，良質な住環境を維持・創出するために，各自治会が主体的に地区計画を指定するプロセスを支援してきました。またつくばエクスプレス（以降TXと表記）沿線整備事業の区画整理で失われる流山の「緑」を回復するために，2006年度に「グリーンチェーン認定制度」を導入，2008年度に「景観条例」，2010年度に「開発事業の許可基準等に関する条例」により，販売する1区画面積を段階的に拡大し，量より質に重点を置いた開発を誘導します。

2012年度には全国的にも先進的な市民主体の「街づくり条例」，2016年度には千葉県で最も厳しい「都市計画高度地区の制限」を規定，2018年度には街並みの景観を改善するための「広告物条例」を上程する予定です。

良質な既成市街地の景観や環境を維持・改善するとともに，新しい開発の景観，緑，環境の質を高めるための条例やガイドラインを精力的に整備します。結果として，流山市では，転入者が流山市を居住地の第一候補に選んだ「選択市民」が2/3に達し，より担税力のある住民の転入が増えています。

これと対比して，人口減少が加速する中，同時期，国や東京都が容積率等の規制緩和で量の供給を可能にしたことに，危惧を覚えるとします。

資料出所：流山市

◆グリーンチェーン戦略が組織を変える

　この取組みは庁内では「グリーンチェーン戦略」（前ページ図参照）と命名され，特定の事業ではなく，すべての部課で何ができるかを考える横断的な取組みになります。みどりの課では認定制度を考え，保育課では市立保育園に木を植え大きな緑陰を形成する，財産活用課は公共施設に「グリーンチェーン認定」を取得できる緑化を検討するなど，流山市役所の横断的政策の第1号になります。グリーンチェーン戦略が，縦割り組織を変える，画期的な「革新実例」になります。

条件3　「快適な都市環境」とその創出

◆楽しい街，便利な街の実現

　井崎市長は，「条件1：母都市への交通利便性」と「条件2：良質な住環境」が満たされた場合，次に重要なのが「条件3：快適な都市環境」と説明します。楽しい街，便利な街のことです（下図参照）。

　その内容は，第1に，安心して身近にウォーキングやジョギング，

資料出所：流山市

サイクリングができるリフレッシュ空間が整備されていることです。

　第2に，ベッドタウンにありがちな，昼間は働き手が市外に流出し，夜は家庭で過ごすだけの静寂な街ではなく，楽しい，お洒落なイベントが各地で開かれる街であることです。子どもと親とシニアがそれぞれ楽しめるイベント，夜は駅前公園でお洒落に外飲みや持ち寄りディナー，様々な「あったらいいな」を実現するイベントなどが，「主体は市民で行政は環境整備の支援」で行われていることが大切とします。事実，流山市では，これらのイベントやコンサートの開催により，市民が市内にとどまるだけでなく，市外からの交流人口が着実に増えています。

　さらには住宅都市「流山市」ならではのオープンガーデンを，ながれやまガーデニングクラブ花恋人（かれんと）が主体となり，2005年以降，毎年5月の3日間開催し，最近では，全国から2万人の来場がある大きなイベントに成長していると説明します。

◆これからは「子どものそばで働ける街が，伸びる街」

　第3には，2つの大きな政策をあげます。その1つは，流山市が快適な都市環境の柱として，2005（平成17）年度から取り組んでいる「子育てにやさしい街が，伸びる街」とする，保育所（園）整備や駅前送迎保育ステーションの整備です。

　前者の保育所（園）整備では，市民数の増加に対応して増員・新設を計画し，認可保育所（園）や小規模保育所（園）の定員数は，2010年度と2019年度比較で3.6倍になります（次ページ図参照）。後者の駅前送迎保育ステーションの整備は，流山市の子育て政策の特色を内外に知らせるヒット政策（詳細はP.40参照）になり，事業の対象とした共働き子育て世帯の移住に大きく貢献します。

　他の1つが「子どものそばで働ける街が，伸びる街」への取組みです。流山市には，育児と仕事の両立ができると移り住んできた人がた

くさんいます。しかし，実際には育児と通勤時間の両立が負担になり，仕事を辞めた人も出てきます。そこで流山市は，この課題の真因を検討し，地元での雇用創出環境の整備に挑みます。

　すると市民の中からそれを活用した成功例が生まれます（右図参照）。2017年に，市民が都内企業のサテライトオフィスやリモートオフィスの設置に，市の補助制度を活用して古い店舗を改装し，1つのオフィスを開設します。さらにこの事業責任者は，2018年に市の遊休施設を活用した第2リモートオフィスを立ち上げます。その名は「Trist-Airport」です。子育て中の市民でもある事業責任者は「2つ目のオフィスは，海外からのお仕事も直接受け，流山のお母さんたちが，流山でキャリアを積める仕事を目指している」とします。

　さらに井崎市長は，もう1つの注目すべき取組みを紹介します。市の北西に位置する常磐道の流山インター付近には，日本最大級，かつ最新鋭の物流センターが相次いで竣工，または工事中，計画中です。

楽しい都市環境 子どものそばで働ける街づくり

シェア型サテライトオフィスTrist
Cosmeのサテライトオフィス
マイクロソフトの研修プログラム

資料出所：流山市

5年後には約170万m^2，東京ドームの34個分の床面積を持つ「東洋一」の物流タウンが誕生します。

ここにも「子どものそばで働ける街づくり」の政策が反映されます。次々と竣工する物流センターごとに，従業員用の保育園が設置され，働くお母さんたちの利便性を確保します。物流タウンが完成する5年後には，現在公表されているだけで，タウン全体の事業所内保育園の定員数は700人です。

ベッドタウンの流山市は，子育て世代の女性をターゲットに，多様な働き方に対応しながら，共通の社会ニーズである「子どものそばで働ける街づくり」を力強く進めています。

条件4 「ブランディング戦略」の推進

2003年に流山市は，全国初のマーケティング室を設け，自治体マーケティングやシティセールスの先陣をきってきました。市長は「流山市のこれからの取組みは，ブランディングである」とします。

2016年12月に公表した「第Ⅱ期シティセールスプラン」（次ページ

流山市
第Ⅱ期 シティセールスプラン

シティセールスの課題
（平成28年〜平成32年）

人口の減りにくいまち＝住み続ける価値の高いまち

図参照）では，ブランディングを行う対象者を，①未認知層〜⑦愛着・プライド層（アンバサダー）の7段階の階層に分け，それぞれの層に対し，異なるアプローチと媒体を使って，流山市の地域イメージと認知度の底上げを戦略的に行っていくとします（詳細はP.185を参照）。

井崎市長が市長就任前の2000（平成12）年に，仕事上で首都圏自治体を対象に行った調査では，流山市の知名度は予想以上に低かったが，地域イメージは白紙状態で良くも悪くもなかったといいます。白紙であることを機会としてとらえ，街の実態的価値を高めながら，戦略的な情報発信活動により，知名度と地域イメージ双方を高め，流山市そのものをブランド化する取組みに繋げられる可能性を感じたと語ります。

以上，条件1：母都市への交通利便性とアクセス改善，条件2：良質な住環境とその維持・向上，条件3：快適な都市環境とその創出，これらの実態改善を戦略的に情報発信していくことで，条件4：ブランディング戦略を進め，市の人口がピークアウトする2027年以降も「人口の減りにくい街づくり」を進めていく戦略です。

「その先に，コミュニティも，地域経済も衰退することのない，市民も地域で経済活動を行う人々も，安心して住み続けられる流山が実現できる」と講演をまとめます。

序章　流山市長講演　人口減少時代を生き抜く4つの条件

2. 流山市：人口増加率県内1位，推計人口増加率でも県内1位

◆躍進する流山市の「既に起こった27年後の未来の姿」

　市長講演翌日の3月30日に，国立社会保障・人口問題研究所の日本と地域別の将来推計人口が公表されます（下図参照）。2045年の日本の総人口は，2015年と比べ−16.3％（約2千万人減）の1億人強で，都道府県のすべてで総人口が減少するという内容です。

　千葉県は−12.2％（約76万人減）です。ただ2015年の人口を100とした時の2045年の人口が最も多いのは，千葉県では流山市が114.7（200,062人／174,373人）でトップとなる推計です。流山市は，千葉県内の37都市中，過去5年間，連続人口増加率第1位に加えて，2045年までの推計人口増加率でもトップになりました。

　15年前（2003年）は少子高齢化が進み人口が低迷していた流山市の「既に起こった27年後（2018→2045年）の未来の姿」です。

　井崎市長が講演した「人口減少時代を生き抜く4つの条件〜安心して住み続けられる流山市の実現のために〜」が，現実のものであることを裏付けたデータとタイミングでした。

資料出所：国立社会保障・人口問題研究所

◆流山市の特別ではないとする挑戦の意義とは

　ではどうして，日本全体の人口減少が加速する中で，無名で有名な観光施設もない，「流山のTX沿線開発は売れ残るのでは」とささやかれた流山市が，「マーケティング課は市長の人気取り政策」「人口増は最初だけ，やがて止まる」「成功はたまたまである。そのうち失敗する」と揶揄されながらも，現在まで人口が増加し続ける街を創り，これからは，「人口ピーク後も人口が減少しない，しにくい街を創る」と宣言できるかです。

　井崎市長に，「人口増をもたらした流山市の取組みの成功には特別なやり方があったのでは」と聞くと，「いや試行錯誤と挑戦の連続です。成功などとんでもありません。特別なやり方などもありません。1つ言えるとしたら，全職員がマーケティング戦略のベクトルと同じ方向を向き，より少ない職員数でより多くの仕事を，より短い時間でやりとげるマネジメント力が，浸透し定着しつつあることです」と答えます。

市長　流山の試行錯誤の挑戦が他の街の人々の希望やその実現のヒントになれば

　「それなら誰もが出来そうですが」と問い直すと市長は，「おっしゃる通りです。改善や解決のためのヒントや答えは，いつも身近にあります。ですから意志と目的のあるところに不可能はありません。流山の試行錯誤の挑戦が，意志ある他の街の人々の希望やその実現のヒントになれば大変嬉しい」と即答します。

　本書では，この「特別ではない」とする流山市の躍進の取組みを，第1章から9章，そして終章で明らかにします。

流山市長講演　人口減少時代を生き抜く4つの条件

こうして流山市は人口増を実現している

第1章
人口増の軌跡と協働と共創の経営モデル

- 人口増と市政の軌跡
- 2つの代表的政策
- 流山経営モデル
- 業績と評価

7つの経営の仕組み

1-1 流山市の人口増と市政の軌跡

15年間で人口24%強増加し中心年代が60代から30〜40代にシフト

1. 人口の増加と人口構成の変化

◆15年間で人口24%の増加

　2018（平成30）年4月，流山市の人口が187,252人になります。現市長の市長就任時の2003（平成15）年の人口150,703人と比較すると24％増加の36,549人の人口増加[1]です。

　この人口増加について井崎市長は，「現在までの市民増は，TXの開業にあわせ，政策の主要対象としてきた子育て世代に，市民と市役所が協働して提案してきた政策が支持された結果です。市民本位の日々の積み重ねで，特別なことではありません。次の新たな課題への挑戦が待ち構えています」とコメントします。

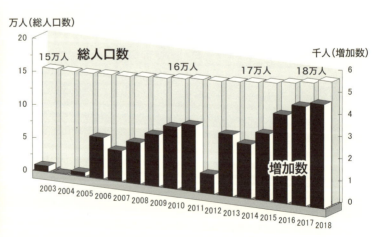

人口増の軌跡と協働と共創の経営モデル

流山市の人口増（左図参照）は，2005年までは15万人弱の横ばいの状態でした。それが井崎氏が市長に就任した2003年の後の2005年から上昇に転じます。そして2010（平成22）年には16万人を超え，2014（平成26）年には17万人を突破し，3年後の2017（平成29）年には18万人を超えます。全国どこの自治体も頭を悩ませている「人口減少時代」と思えない人口増です。

◆中心年代が30〜40歳代の人口構成に（下図参照）
　この人口増を，井崎市長初就任時の2003年と2018年の年齢別人口世代構成で比較してみると，4つの顕著な傾向が見られます。
　①全体に長寿傾向が強まっている。
　②40〜49歳代「働き世代」の人口が最も増え1.71倍に。
　③30〜39歳代「子育て世代」の人口は1.29倍に。
　④10歳未満の「子ども世代」の人口は1.49倍に。
　さらに，2016年の合計特殊出生率（1人の女性が一生の間に生む子どもの数：人口を維持する合計特殊出生率は2.07）は，全国平均の1.44よりも高く1.57です。地域活力の向上と世代循環が可能な人口構成に向かっています。

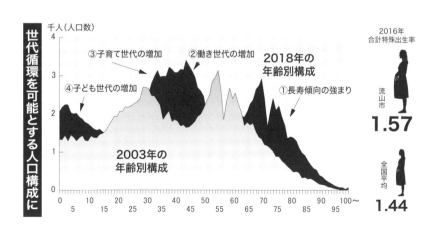

2. 機会への対応方法の巧拙による人口増の違い

◆横ばいから顕著な人口増に

　人口の変動は何となく起こるものではありません。行政を「住民の福祉の増進を図ることを基本として，地域における行政を自主的かつ総合的に実施する役割を広く担うもの」と明記する地方自治法の規定からすると，人口の増減は行政活動の重要な結果です。

　流山市の人口は，2000（平成12）年前後から横ばいになり，市政の低迷と財政の悪化が指摘されるようになります。当時の執行部も「行財政改革をしなければ財政は破綻する」と明言していましたが，前例踏襲型の市政を続けます。

　2003（平成15）年5月に現市長が市長に就任します。その時の4月の人口は150,703人です。それから1期目の4年間で人口は3,493人増加し，2期目で10,098人の増加，3期目で9,262人の増加，最新の人口数は2018年9月の189,132人（前年同月比5,377人増加）です。合計では，38,429人の市民増です。19万人突破が目前です。

◆同じ機会でも自治体の対応戦略で成果は異なる

　仕事で多くの自治体の首長さんとお話をする機会があります。人口減少が話題になりますが，人口減少は日本全体の問題であるから国の責任。自治体がやれることは限られているとする意見が大勢です。

　しかしマーケティングの基礎を学習している人なら，「市場にはわが社の顧客と同じ何10倍のまだわが社の顧客になっていない人がいる」という「ノンカスタマー（未顧客）の原則」を思い出し，人口減少を言いわけにすることなく顧客増の方法を考えます。

　企業の場合，同じ業界であれば，各企業にとってある時点での環境の変化，相互の競争関係は同じです。違いがあるのは内部資源の質量だけです。ここから企業では常に，内部資源を鍛えその質量を考えた

人口増の軌跡と協働と共創の経営モデル

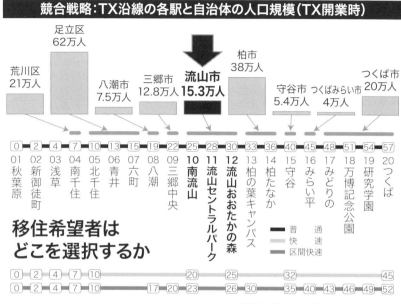

マーケティング戦略で環境変化への対応力を高め，顧客の獲得に邁進します。これが数年後の企業成果の大きな差になります。

行政の場合でも同じです。隣接自治体も含めた一定範囲の地域では，環境の影響，競合関係は同じです。よって成果の変動は，行政も含めた地域資源の特徴を考えた戦略的対応に起因します。

2005年のTXの開業は，流山市に大きな機会をもたらします。しかし，それは沿線や隣接する他の自治体にとっても機会です。さらに機会の背後には脅威もあります。1つの線でつながることから競争が激化し，市政の失敗から地域の生活環境を劣化させた場合，魅力ある都市や地域の影響を受けて，ストロー現象からスキップされる危険が高まります（上図参照）。

開業時の人口62万人都市の足立区，38万人の柏市，21万人の荒川区，20万人のつくば市，より都心に近い8万人の八潮市，13万人の

三郷市との競争です。当時無名の流山市は「TX沿線の負け組」になるのではと噂されていました。

下図は，TXが開業した2005（平成17）年から2018年までのTX沿線各自治体の人口変化[2]です。人口の増減には利便性（TXの開通）が大きく影響しますが，全体の人口増加率と30代（30～39歳）と子ども世代（0～9歳）の人口増と構成比を見ると，有利な条件でも各自治体の対応方法によって成果に違いが出ることが分かります。

流山市はこの13年間で総人口を34,611人増やし，人口40万の柏市の36,255人の増加数に迫っています。増加率ではつくばみらい市，守谷市に次ぎ23％増で第3位です。年代別では，担税力のある30代の増加数では1位，増加率では2位，人口に占める構成比ではトップです。街の未来を背負う子ども世代は，増加数では断トツの1位，増加率は2位，構成比は1位です。市のねらい通りに，「子育て世代」と「子ども世代」の両方がセットで力強く伸びています。

TX沿線自治体の機会への対応による成果の違い（2005年と2018年比較）

	足立区	八潮市	三郷市	流山市	柏市	守谷市	つくばみらい	つくば市
2018年人口数	686,619	87,527	140,702	187,252	417,218	66,598	50,615	234,455
増加数	61,812	12,020	12,424	34,611	36,255	12,898	10,441	33,927
増加率	1.10	1.16	1.10	1.23	1.10	1.24	1.26	1.17
30代増加数	-14,292	-632	-498	5,612	-4,606	1,039	2,240	-2,979
30代増加率	0.86	0.95	0.97	1.24	0.92	1.13	1.43	0.91
2018年構成比	0.13	0.14	0.14	0.16	0.13	0.14	0.15	0.13
2005年構成比	0.17	0.17	0.15	0.15	0.16	0.15	0.13	0.17
0～9歳増加数	357	212	1,144	7,036	2,097	1,170	2,066	2,463
0～9歳増加率	1.01	1.03	1.10	1.53	1.06	1.21	1.60	1.12
2018年構成比	0.08	0.09	0.09	0.11	0.09	0.10	0.11	0.10
2005年構成比	0.09	0.10	0.09	0.09	0.09	0.10	0.09	0.10

第1章　人口増の軌跡と協働と共創の経営モデル

3. 流山市の活動と人口増加との関連

　この人口増減に深く関連する街づくりの内容と，それに影響を与えた流山市の行政活動の変遷を並べて見ると（次ページ参照），人口変化と政策，それに影響を与える行政活動の関連が比較できます。

　行政活動はリーダーの役割を果たす首長によって大きく変わります。井崎市長は，経営力で街の発展に大きな差がでるとし，経営機能の一つであるマーケティングを行政に導入します。「1円まで活かす市政」「市民に役立つ行政サービス」「流山の可能性を引き出すまちづくり」を，市政の基本的な考え方（経営方針：詳細はP.47参照）として様々な取組みを行っています。

　そこでこの流山市の取組みを，市長の任期に合わせて区分すると下記の特徴が抽出できます。次ページ図表の○印は主に総合計画に関する事項，■印は主に行財政改革に関する事項です。15年間の軌跡から，長期を見通した街作りと改革のストーリーが垣間見られます。

各期の人口増数と特徴		
1期目 基礎期	人口増数 3,493人	・危機感の醸成と見える改革の実行 ・次の布石を打つ ・住環境，子育ての中核政策のスタート
2期目 成長期	人口増数 10,098人	・1期目改革の成果が出始める ・ヒット政策：送迎保育ステーション登場 ・改革計画や体制が整備され改革に勢いがつく ・自治基本条例，議会基本条例の同時制定
3期目 拡充期	人口増数 9,262人	・改革範囲拡大で街の魅力を大きく引き上げる ・第Ⅰ期シティセールスプランの策定 ・都内駅PR広告（母になるなら，流山市。）推進 ・第1回全国市区経営革新調査全国3位
4期目 進展期	人口増数 13,696+α人	・企業との協働，提携，進出が盛んになる ・職員の能力開発を強化 ・「人口が減らないまちづくり」への対応 ・将来推計人口のピークを2027年に

第1期目：基礎期　2003年5月〜2007年4月

【位置付】最初は「基礎期」です。「1円まで活かす市政経営」と市政の重点方向を象徴的に示す「マーケティング導入」を柱に，即座の見える改革と将来への布石を組み合わせた改革期間です（右図参照）。

【政策面】【行政面】

1. 危機の共有：即座に，市長専用車の廃止，特別職5役の報酬20％削減を決定します。特権廃止や自己改革なくして，市民に負担と協働を求めることは不可です。真摯なリーダーシップの基本です。2003年8月には，『広報ながれやま』で「財政事情特集号」を企画し，現状の危機的な財政状況と改革の必要性を内外に訴えます。
2. 信頼の構築：失われた市政の信頼を取り戻す観点から対話とフェアネス（公正）を重視し，情報公開の徹底とタウンミーティングを実施し，事実に基づく市民との対話型コミュニケーションを開始します。
3. 見える改革：市民に見える改革の実行です。公共施設での全面禁煙，封筒への広告掲載，職員の対応改善など短期的な成果で改革効果を示し，市民の支持を手にします。これも改革の定石です。
4. 将来に向けた戦略的取組み：短期の改革と並行して中期的な観点から布石を打ちます。2005年8月のTX開業を「発展の機会」とし，マーケティング室の新設による「売れる街づくり」への方向を明示します。さらに下期5か年計画で政策の重点化を進め，新行財政改革実行プランで，それを担う組織に向けての自己改革を開始します。市長はこの時期を「市政改革の基礎を固め，市民の税金を1円まで活かす市政の実現に向けて全力で取り組んだ」とします。

【評　価】2007年2月の第1回の定例会で「この4年間は公約である『1円まで活かす市政』『市民に役立つ行政』『流山の可能性を引き出すまちづくり』に取り組んできた。今年は，飛躍を続ける流山市が，一段とステップアップする1年である」と成果を語ります。

人口増の軌跡と協働と共創の経営モデル

人口増への軌跡：基礎期	
第1期目の主要取組事項／人口増3,493人	
2003年4月〜 （平成15） 人口：150,703人 +3人 ―人口増計算式― 150,706− 　　150,703＝3人	・第5代流山市長として井崎氏が就任 ■市長専用車を廃止，特別職5役の報酬20％カット ○TX新駅名称の再検討 ○広報ながれやま「財政事情特集号」で危機を広報 ○タウンミーティング開始（350名参加） ○公共施設を全面禁煙 ■企画政策課内にマーケティング室を設置 ■市民意識調査の実施
2004年4月〜 （平成16） 人口：150,706人 +204人	■企画部に企業誘致セクションを設置 ■市民参加推進のため「市民活動推進室」を設置 ■まちづくり達成度アンケートの開始 ○公民館・福祉会館・老人センター通年開館に ○図書館・博物館祝日も会館，図書館は夜間延長 ■市民課の窓口封筒に広告掲載 ○南流山自転車駐車場の利用時間延長
2005年4月〜 （平成17） 人口：150,910人 +1,881人	・日本の総人口が初めて減少した年 ■下期5か年計画のスタート ■新行財政改革実行プランのスタート ■マーケティング課が内外にアピールするSP活動開始 ○公共施設予約システムが稼動 ○市民と行政の協働まちづくりのための指針公表 ○8月つくばエクスプレス（TX）が開業，南流山駅，流山 　セントラルパーク駅，流山おおたかの森駅が開駅。TXの 　開業に合わせ新駅中心に路線バスも新設・再編 ○流山フィルム・コミッション設立 ○流山グリーンチェーン戦略研究会設立 ■市のホームページ全面リニューアル ○ぐりーんバスがスタート ○第1次アウトソーシング計画を策定 ■『日経グローカル誌』で市が低コスト日本一に
2006年4月〜 （平成18） 人口：152,791人 +1,405人 ※1期人口増合計 3,493人	○流山グリーンチェーン認定制度がスタート ○生涯学習センター，市民活動推進センターオープン ○指定管理者による公共施設の管理・運営を開始 ○高齢者総合計画を策定 ○市議会本会議をインターネットで中継開始 ■管理職への人事評価開始 ■『日経グローカル誌』の「効率化活性化度」で全国4位 　に ○2007年1月：市制施行40周年。健康都市宣言

※人口は住民基本台帳による各年4月1日現在の数字

第2期目：成長期　2007年5月〜2011年4月

【位置付】政策と自己改革の成果が芽を出し伸張する「成長期」です。1期目での適切な取組みは、2期目で政策・公共サービスの提案に「市民に役立つ行政サービスの成果」として現れます。各部局でヒット政策が誕生します（右図参照）。

【政策面】2007年度、主要政策のグリーンチェーン戦略の対象を全市に拡大、2008年度、景観条例の開始などで住環境の整備を行います。2007年8月には流山おおたかの森S・Cの開業。9月には、後に子育て夫婦を魅了するヒット政策になる「駅前送迎保育ステーション」が流山おおたかの森駅前に、翌年には南流山駅前に開設します。

市のマーケティング戦略の雑誌への掲載、首都圏企業への進出需要調査の実施など、外への働きかけを強化します。交流人口が増加し始めます。新企画による市民まつりに約2万人来場、街並みの整備から市内でのドラマ・CMの撮影が盛んになります。そして2010年には利根運河が通水120年になり、皇太子様がご来訪といった名誉にあずかります。流山商工会議所が設置され地元産業振興の柱ができます。

【行政面】行政面でも体制整備が進行します。政策と予算の最適化を推進する企画財政部の設置、「部局長の仕事と目標」によるマネジメント体制がスタート。そして、「自治基本条例」「議会基本条例」の同時施行。さらに後期基本計画の開始もあり、次の発展を可能にする改革が進行します。改革がトップダウンからミドルや現場職員、市民を巻き込んだ内容へと転換します。

【評　価】行政サービス調査革新度で全国8位に、情報公開度調査で全国1位など外部から評価されます。市長は2010年2月の第1回定例会で、「それまでの取組みを踏まえ、さらなる福祉の向上と本市の長期的発展に向けて着実な自治体経営を行い、本市のまちづくりを新たなステージへ進める」と決意を表明します。

人口増の軌跡と協働と共創の経営モデル

	人口増への軌跡：成長期 **第２期目の主要取組事項／人口増10,098人**
2007年4月～ （平成19） 人口：154,196人 +1,877人	・4月井崎氏再選 ■企画部に財政課を編入し企画財政部を設置 ■子ども家庭部の設置と経済部を産業振興部に ・流山おおたかの森Ｓ・Ｃの開業 ○流山市グリーンチェーン戦略の対象を全市域に ■部局長の仕事と目標体制スタート ○流山おおたかの森駅前に送迎保育ステーションを開設
2008年4月～ （平成20） 人口：156,073人 +2,353人	■少数精鋭主義での市民満足の高いサービスを提供宣言 ・市議会第２回定例会より一般質問の１問１答方式を ○景観計画・景観条例スタート ○流山市子育てにやさしいまちづくり条例の施行 ○南流山駅前に送迎保育ステーションをオープン ・リーマンショック（9月）による金融危機の発生 ■市民意識調査の実施とマーケティング戦略の広告開始 ○首都圏企業への進出需要調査の実施 ○新企画を盛り込んだ市民まつりに約2万人来場 ■行政サービス調査革新度全国8位（日経グローカル）
2009年4月～ （平成21） 人口：158,426人 +2,832人	○PFIによる教育と福祉の複合施設：小山小学校開校 ○「自治基本条例」「議会基本条例」が同時施行 ○財政情報を市民に伝える「財政白書」を作成 ○「小学校英語活動推進事業」で外国人講師の活用 ■ゼロ予算事業市民便利帳決定 ■マーケティング課内にシティセールス推進室設置 ○市内でのドラマ・CMの撮影盛んに ○首都圏駅PR広告（僕は送迎付き）を開始 ○保育ママ制度で自宅で幼児を預かる制度を開始 ○情報公開条例の改正 ○緑の都市賞で国土交通大臣賞を受賞 ■情報安全性全国2位（日経グローカル）
2010年4月～ （平成22） 人口：161,258人 +3,036人 ※2期人口増計 10,098人	○後期基本計画スタート ○出前トーク講座「どこでもトークながれやま」開始 ■流山版事業仕分けの実施 ○利根運河が通水120年 ○首都圏駅PR広告（母になるなら，流山市。）を開始 ■人材育成基本方針の公表 ■情報公開度調査全国1位（全国市民オンブズマン連絡会議） ○流山市商工会議所設立 ・東日本大震災が3月に発生。原発事故の影響が市内にも ○市内小中学校校舎の耐震工事終了

第3期目：拡充期　2011年5月〜2015年4月

【位置付】これまでの取組みが，組織内への浸透と外部への拡がりを見せる「拡充期」です。2011年3月の東日本大震災の影響を受けながらも，高い人口増を記録します。無名と劣位の状態から人口増を実現させた自治体として位置づけされ，メディアの取材と視察が多くなり，その存在と活躍内容が広く知られるようになります。内部のより一層の質的なレベルアップが必要になります（右図参照）。

【政策面】市長は2011年の第1回定例会で，「今，本市は，市民の皆様が愛着と誇りを持っていただけるまちとして，また，他の自治体からも注目を集める魅力あるまちとして着実に進化している」と表明し，さらなるマーケティング戦略を打ち出します。同年，後に他市の見本となる「第Ⅰ期シティセールスプラン」を策定し，首都圏駅PR広告（『母になるなら，流山市。』，『学ぶ子にこたえる，流山市。』）を開始します。

【行政面】外部からの期待と人口増からくる行政需要拡大への対応は，少数精鋭主義の流山市政に内部資源の質的向上を不可避とします。2011年の行財政経営戦略プランによるミドルマネジメント体制の充実，人材育成基本方針に基づく職員教育の充実や人事評価制度の導入を行います。こうして組織は外部の要求に対応することで鍛えられます。それは第1回全国市区経営革新調査（2011年）全国3位の外部評価になります。

【評　価】市長は2015年2月の第1回定例会で「流山市の人口は，千葉県下トップの増加率を示し，定住人口も交流人口も増加しています。今後も流山市と流山市民のこれまでの取組みをさらに前進かつ加速させ，議会をはじめ17万市民の皆さんと共に全力で，住みたくなるまち，住み続けたいまちづくりを進めていく所存」と表明します。この第3期の人口増は9,262人でした。社会のニーズに自己改革をもって真摯に挑む組織の成果は上昇します。

人口増の軌跡と協働と共創の経営モデル

人口増への軌跡：拡充期 第3期目の主要取組事項／人口増9,262人	
2011年4月〜 （平成23） 人口：164,294人 +901人	・井崎氏3選 ・定例会で市民の皆様から愛され，他の地域からも注目を集める街に進化と述べる ■抜本的な人事制度改革に取り組むと述べる ■流山市行財政経営戦略プランのスタート ○商工課内流山本町・利根運河ツーリズム推進室設置 ■情報公開度調査全国1位（全国市民オンブズマン連絡会議） ○市制施行45周年。石川県能登町と姉妹都市に ■第1回全国市区経営革新調査全国3位 ○第I期シティセールスプランの策定 ○本庁舎有料広告事業の決定 ○全国初の国の合意を得た「流山市除染実施計画」を策定 ○首都圏駅PR広告（学ぶ子にこたえる，流山市。）の開始
2012年4月〜 （平成24） 人口：165,195人 +2,829人	・定例会で財政基盤は改善，市民サービスの向上にも反映と述べる ○中学全校と小学校の外国語教育サポート開始 ○市民主体の街のルール「街づくり条例」の施行 ○孤独死ゼロを目標に地域見守りネットワーク発定 ○流山市市民参加条例施行 ○市のホームページを全面的にリニューアル ○首都圏駅PR広告（母になるなら，流山市。）の実施
2013年4月〜 （平成25） 人口：168,024人 +2,469人	・定例会で子育て世代の方々に選ばれるまちとして発展と職員のスキルアップに触れる ○「子ども・子育て会議」の設置 ○高齢者福祉センター森の倶楽部をオープン ○介護支援サポーター制度がスタート ○優良公民館として文科大臣表彰の受賞 ○メディアの取材件数増加 ○首都圏駅PR広告（母になるなら，流山市。）の実施 ★人口が17万人突破
2014年4月〜 （平成26） 人口：170,493人 +3,063人 ※3期人口増合計 9,262人	・定例会でハード，ソフトの両面から「子育てにやさしく，住み続けたいまち」，「より住みよく快適な市民生活を送れるまち」の実現に向けて取り組むと述べる ■全職員対象の人事評価制度を本格導入 ○㈱セブン・イレブン・ジャパンと地域見守りネットワーク協力協定 ○「流山白味醂200年祭」をキッコーマン㈱と共催 ○高齢者住み替え支援制度スタート ○首都圏駅PR広告（母になるなら，流山市。）の実施

第4期目：進展期　2015年5月～

【位置付】次への「進展期」です。これまでの成果の確認と充実，そして次の環境変化を予測した，持続的な街の成長に挑む新ステージに向けた次への「進展期」です（右図参照）。

【政策面】これまでの成果や仕組みを受け継ぎながら，必要な部分を見直して進化することを明らかにします。2017年の第1回定例会で，「いずれ流山市も人口減少の時代を迎えることは避けられない。それに備えるためにも，人口の減りにくい街とするため，良質な街づくりと，さらなるブランディング戦略が必要」と将来を予測し，2016年，第Ⅱ期シティセールスプランを策定します。市内では起業が盛んになり，郊外の遊休地へは大企業の進出があり雇用の場が拡大します。「子どものそばで働ける，流山市。」が姿を見せ始めます。

【行政面】さらに，「全体最適化」を目指した市政の高度化です。10年後の市民減少に備えた準備です。2016年度に公表した「行財政改革・改善プラン」でボトムアップによる全員経営を推し進め，職員の改善力，創造力を活用します。2017年度に「市民投票条例」と「健全財政維持条例」が成立し，市民の自治の仕組みが整備されます。

【評　価】市長は流山市は人口が増加する自治体として，全国的にも注目を集める自治体となっているが，やがて訪れる本市の人口のピーク（予測2027年）以降も，人口が減りにくいまちづくりを今から進めることが必要と自己評価します。

以上の軌跡からは，流山市の躍進を支え，井崎市長が目標とする「流山市に集い住む人たちを幸せにする街」を目指すことにつながる4つの要因が浮かびあがります。それは，①リーダーのぶれない方針による真摯なリーダーシップ。②明瞭な地域ビジョンの明示とそれを担える仕組みの構築。③市民ニーズの半歩先をいく政策立案能力。④条例化により市民自治の取組みを着実に進める市民が主役の理念，です。

人口増の軌跡と協働と共創の経営モデル

人口増への軌跡：進展期 第４期目の主要取組事項／人口増13,696+α人	
2015年4月〜 （平成27） 人口：173,556人 +4,041人	・井崎氏4選 ・定例会でマーケティング戦略の必要性と職員の「創造力」向上を強調 ■評価が昇格・賞与に反映する新人事制度の運用開始 ○市内初の小中併設校「おおたかの森小・中学校」開校。併設の子ども図書館・おおたかの森センター開館 ■講演依頼なども年間60件を超える ○ふるさと納税の返礼品の贈呈を開始 ○新市民総合体育館のネーミングライツパートナーにキッコーマン㈱を選定。愛称は「キッコーマン アリーナ」 ○首都圏駅PR広告（母になるなら，流山市。）の実施 ○流鉄流山線が開業100周年を迎え記念祭を開催
2016年4月〜 （平成28） 人口：177,597人 +4,529人	・定例会で急増する保育需要対策として保育所整備を進めるとする ○「子ども・子育て支援新制度」がスタート ○千葉銀行と地域活性化に関する包括連携協定 ○大和ハウス流山市に14.4万m²の大型物流施設着工 ■地域経済UPに向けて産業振興部を経済振興部に ○キッコーマン アリーナがオープン ○パラリンピックオランダ事前キャンプ実施の基本合意 ■流山市行財政改革・改善プランスタート ○首都圏駅PR広告（母になるなら，流山市。）の実施 ○第Ⅱ期シティセールスプランの策定 ★12月3日に市の人口が18万人を突破 ・市制施行50周年 ★国勢調査で人口増加率県内1位
2017年4月〜 （平成29） 人口：182,126人 +5,126人 ※4期（任期3年目まで）人口増合計 13,696人	・定例会で流山市も人口減少時代を迎えることは避けられないとしその対策の必要性について触れる ○ふるさと納税返礼品を大拡充 ○保健センターに妊婦さん専用相談スペースを開設 ○市民投票条例が成立 ○首都圏駅PR広告（母になるなら，流山市。）の実施 ○健全財政維持条例が成立
2018年4月〜 （平成30） 人口：187,252人	・定例会で昨年の人口増加率が791市の中で全国第1位に。人口が減りにくいまちづくりを今から進めることが必要と演述 ■将来推計人口のピークを2027年206,069人に ○女性向け創業スクール初級編申込み初日で満員に

※2018年9月1日現在の人口：189,132人（前年同月比5,377人増加）

1-2　代表的政策①　1円まで活かす市政

1.「1円まで活かす市政」の考え方

◆代表的な2つの政策例

　軌跡で示した流山市の取組みを，市長の3つの経営方針（P.47参照）で大別すると，「1円まで活かす市政」としての効率的政策。「市民に役立つ行政サービス」としての住環境・子育て・教育に関する効果的政策。「流山市の可能性を引き出すまちづくり」として良質な住環境・都市環境を作るための条例と，市民の知恵と力を引き出し活かす市民自治の協働に関する政策に分類できます。

　その中から，本節では流山市政の特徴を端的に示す「1円まで活かす市政」に関する取組みを，次節で，もう1つの「市民に役立つ行政サービス」を象徴するマーケティング的な取組みを紹介します。

◆市民から「働いていない職員が多すぎる」

　経営方針の最初に明記される「1円まで活かす市政」は，ムダの廃棄や見直し，既得権の是正で，ムダ，ムリ，ムラのないバランスのとれた組織体質を目指す重要なテーマです。

　「廃棄が先」は改革の定石ですが，抵抗が伴う課題でもあります。就任当時多数の市民から，「働いていない職員が多い」と指摘された現状の改革に，井崎市長はどのようにして取り組んだのでしょうか。

　改革の開始時期，井崎市長は，稟議書類を回さない管理職，できない理由を即答する担当者，削減に抗議する各種団体の抵抗にあいま

人口増の軌跡と協働と共創の経営モデル

す。しかし，無駄の見直しは今の流山市には必要で，それを行うのが市長の使命といった認識から，ひるむことなく改革を押し進めます。

　行政組織の役割は，社会に貢献できる成果を創出することです。そのためには，組織内のすべての資源を最大限に活かさなければなりません。ムダは有限な資源の浪費で，誰のためにもなりません。

◆地方自治法第2条の流山市流解釈

　流山市では，この資源の活用を「1円まで活かす市政」で2つの方向で実践します。これは地方自治法第2条の「最小の経費で最大の効果」を実践向けに解釈したもので，一つは「同じ費用でより大きな効果」を考える，他の一つは「同じ仕事をより少ない費用」で実行するとします。この解釈が職員の自己改革に結びつきます（下図参照）。

　前者の「同じ費用でより大きな効果」は，予算が同じであれば，より成果をあげる新しい仕事のやり方を考えることです。例えば，同じ予算で，①「対象を変える」：より大きな成果が望める別の市民向けの行政サービスを考える。②「内容を変える」：政策の内容を変える。③「方法を変える」：前とは異なる方法を考える。②と③でより大きな成果を実現します。結果，1円（税金）当たりの成果があがります。

　後者の，「同じ仕事をより少ない費用で」は，仕事や政策の目標や内容を変えない場合は，「その実現方法や手段を変える」：政策内容を別方法や手段で取り組み，係わる費用を減らし仕事や政策における費用の比率をさげることです。究極は市民ニーズの低い事業の「廃止」，「ゼロ予算事業」「稼ぐ事業」化です。

2.「1円まで活かす市政」の成果

◆ムダを削減し得た費用を行政サービスに活用する

　流山市は「1円まで活かす市政」の経営方針に従って，経営資源の活用に取り組みます。2005（平成17）年3月に「新行財政改革実行プラン」を作成し，効率的で市民満足度の高い行財政運営に向けて様々な取組みを行います。

　現状の継続では，市民が求めるサービスを提供できなくなると判断します。そこで，①役目の終わった仕事の廃止，②成果のあがらない事業を見直し，③人件費総額の節減で財源を確保し，必要なサービスを提供すると宣言します。その削減額は2003年度〜2006年度で37.7億円にもなります。内訳は事務事業の削減で20億5,100万円，人件費の節減の17億2,100万円です（右図参照）。

　例えば，まず予算編成時に見積もりを3社以上からとる方式に変更しました。次に執行段階では一般競争入札を原則とし，多くのパートナーが入札に参画できる方式にしました。これにより，パートナーの知恵や工夫を政策に活かすことができ（流山市の可能性を引き出すまちづくり），行政側もより低いコストで事業の実施ができます（1円まで活かす市政）。人件費の節減は，特別職の報酬カット，一般職職員の不補充，職員の半数以上が受給していた特殊勤務手当の大幅見直しで実現しました。

◆削減や縮減が目的ではない

　ただ，ここで忘れてはならないことが，行政組織とは有限の資源を活用した効果的，効率的に成果をあげる人の協働体といった認識です。つまり組織活動の主目的は人件費や経費の削減ではなく，自らの仕組みや方法を工夫することで，社会の安定と発展に貢献できる組織や政策の成果をあげることに本質があることです。

人口増の軌跡と協働と共創の経営モデル

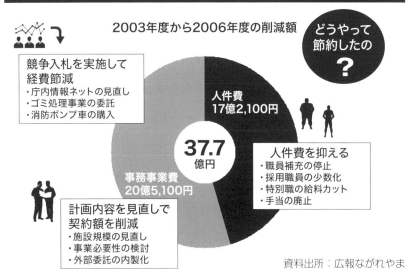

　これを取り違えると削減や縮減が改革の目的になり，行財政改革を実施する毎に行政組織が無意味にひ弱になり，地域の衰退を早めることになります。大事なのは成果とコストの比率です。

　井崎市長も「ムダを廃棄し，節約して，効率をあげても，結果として市民サービスが最適にならなければ意味がない」とし，削減で得た費用で，市民ニーズに適合した新政策を策定し（市民に役立つ市政），市民の定住意識の向上，未来の市民である移住者の獲得に邁進しています。

　流山市は，資源を活用する経営的な発想（1円まで活かす市政），市民ニーズに応えるといったマーケティング的な発想と政策立案（市民に役立つ市政），そしてコスト低減能力を高めることで，街の魅力を引き上げる行政能力を高めています。

　次は，流山市政の特徴を端的に示すもう1つの「市民に役立つ行政サービス」を象徴する取組みを紹介します。

1-3 代表的政策② 市民に役立つ行政サービス

ヒット政策 駅前送迎保育ステーション事業の成功

1. 対象を選択して集中する事業

◆「選択と集中」への反発とその対応

　団塊世代の市民が多い流山市にとって人口減と高齢化の進展は，税収減と医療・介護の歳出増から財政困窮につながり，市の未来をいばらの道にします。この課題の解決には，単なる人口増ではなく，世代循環を可能とする若い層を中心に人口を増やすことが必要でした。

　この人口増に関連して，定住市民や移住を決意した市民に，強く支持された政策の1つに，子育て世代に集中した「駅前送迎保育ステーション事業」があります（右図参照）。このサービスがあるから流山市に移住してきた市民もいる，共働き夫婦のニーズに応えたヒット事業です。2005（平成17）年の開始以来，待機児童の解消に向けたモデルとして注目され，全国各地に普及した先駆的な事業です。「市民に役立つ行政サービス」の代表的な政策・公共サービスです。

　ただ，街の発展には若い人の移住が必要といっても，高齢者が多数を占める地域の実情からすると，市外にいる若い人を選択して集中する重点政策には，市民，議会，職員からの反発が予想されます。流山市でも「若い人ばかり大事にして不公平ではないか」「いままで街を支えてきた高齢者を軽視するのか」といった苦情がありました。

　井崎市長の対応は「民を主」とする正攻法でした。タウンミーティングなどでまず市民の意見を聴き，その後事実に基づいて丁寧に説明します。「若い人に転入してもらうことが，高齢者の皆様への行政

人口増の軌跡と協働と共創の経営モデル

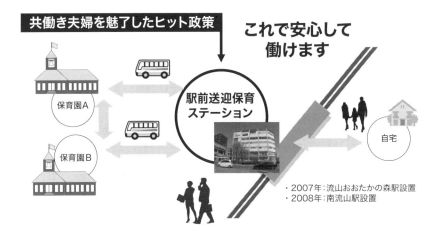

サービスを支え，流山市発展の礎になる」と。こうして理解を深め，今では市民から「毎日の散歩で子どもたちの声が聞けて思わず笑顔になる」と言われます。

◆駅前送迎保育ステーション事業の内容
　【事業の背景】
　2005年8月24日にTXが開業し，沿線ではマンションや宅地の分譲開発が進み，TX駅周辺には高層マンションが建設されます。若い子育て夫婦の転入が盛んになると，保育施設の拡充が必要になります。

　しかし，市の既存の保育所（園）は，市内の各所に点在し，当時のTXの駅付近にはありませんでした。市内に保育所（園）はあるが，そこに送り迎えで通うには不便といった市民の課題を解消する方法が必要でした。

　【事業の目的】
1. 待機児童を少なくする。
2. 既存の保育施設の有効活用を図る。

【事業の立案】

　市の保育担当部署は，2006年から，「流山おおたかの森駅」に開設する駅前送迎保育ステーションのモデル作りの検討を始めます。地元住民，社会福祉法人，デベロッパーの独立行政法人都市再生機構と協働して計画を練り上げます。2007年7月，ビル開発の基本コンセプトを「安心・安全のまちづくりの拠点」とする新築ビルの4階に開設します。そこは，一時保育を行う保育園分園，子育ての交流・相談を行う子育て支援センターが併設された複合施設です。ビルの2階から駅に直結しています（上図参照）。

【事業の対象】

　対象は現在既に入所（園）しているが，下記の理由等により送迎保育ステーション事業の利用が必要なお子さんです。

①住所地と保育所（園）が離れている。
②保育所（園）の開所時間が保護者の通勤時間等と乖離しその調整が容易ではない。
③満1歳以上のお子さん，自分の荷物をもってバスを乗り降り可能。

【事業の内容】

・利用可否：利用申し込みは送迎保育ステーションで面談形式で行う。送迎保育ステーション利用可否については，保護者の通勤や送

人口増の軌跡と協働と共創の経営モデル

迎の状況等を加味しながら送迎保育ステーションを委託されている事業者が検討し市役所が通知する。

・料金：送迎保育ステーションは，朝（登園）もしくは夕方（降園）のどちらかだけの利用も可能とする。利用料は，最寄りの保育所（園）に入園できない人を対象とすることから受益者負担を最少化し，1日100円，1か月最大2,000円にする。

・条件：週に一度（送迎時どちらかで構わない）は，保護者が日中保育を受けている保育所（園）に出向いて保育士と出会う。

・サービス内容①：送迎保育ステーションは，朝7時〜8時に子ども達を受け入れる。認可保育所（園）への送迎では，運転手1人と保育士，幼稚園教諭の資格を持っている人が同乗。「幼稚園のようにバスに乗りたい」という保育園児が多く，バスによる送迎は子ども達に人気がある。

・サービス内容②：保護者が子ども達を迎えに来る時間は午後4時〜6時の間。お迎えが遅い子には，午後8時に有料の夜食の提供がある。最長で午後9時まで延長保育が可能。共働き等の世帯のニーズにあったサービスを用意する。

【利用状況】（利用者数の詳細はP.170参照）

・利用者数は，平成25年度は56,004人，26年度は46,572人。27年度は流山おおたかの森駅及び南流山駅周辺に，新設の私立保育園が相次いで開園したことにより，38,093人に減少する。

【利用者の声】

・利用者Aさん：私は仕事を持っており，駅とは逆方向の保育園への送迎はムリでした。しかし駅に隣接している送迎保育ステーションを利用することで，仕事と子育ての両立が可能になりました。子どもは，バスでの送り迎えで，各園の子どもたちと交流できるので喜んでいます。多くの人に利用してほしい制度です。

・利用者Bさん：子どもを保育環境のいい保育園に預けたいと思って

いましたが，遠くて自分で送迎するのは無理だと諦めていました。駅の近くに送迎拠点ができて可能になりました。子どものためにもなる制度です。

2. 駅前送迎保育ステーション成功の要因

送迎保育ステーションの事業は多くの自治体が実践していますが，成果不足や撤退したケースもあります。流山市の成功には下記の要因が考えられます。

①市民のニーズと地域の課題解決が一致した（win & winの関係）

利用側からは，ステーションが駅から近く，通勤途中に立ち寄りやすいことから送迎の負担が軽減され，都心への通勤がより便利になる。また，自宅から遠い所（園）にも通えることで，所（園）の選択ができる。行政側からは，既存施設の有効活用と待機児童の解消に貢献する。保育所（園）は，時間通りに育児を降園させることができる。さらに，子どもを安心して預けられる保育所（園）があれば働く人が増えることも考えられる。関係者に利点のある事業内容であった。

②働く人のライフスタイルにあったサービス内容である

働く人のライフスタイルを考え，保育所（園）への送迎と開園時間を通勤状況に重ねることで，働く人の送迎の負担を合理的に軽減した。

③受入の保育所（園）の内容が一定の水準にある

④細かい工夫がある

- 安心：TXの開業前から関係者と協議して準備を進め，安心重視で園児が一度も外に出ることなくバスで送迎できるようにした。
- 便利：駅前のビル内という立地条件がよい。利用者の中心は通勤の途中に立ち寄る市民になることから，電車通勤の方には非常に便利。ビルの2階から駅に直結しているので雨に濡れる心配もない。
- 柔軟：社会福祉法人に業務委託をしているので，別途料金で最大で

人口増の軌跡と協働と共創の経営モデル

午後9時までの延長保育も可能。夕食（有料）の提供などにも応じてくれる。年度途中からの利用も可能である。

・興味：バスの中も保育時間と考えて一緒に歌を歌ったり，絵本の読み聞かせを行い，各所（園）に送り届ける間も楽しめる。
・運行：市内すべての保育所（園）を送迎ステーションバスで結んでいる。「1時間以内」とする送迎時間があり運行が安定している。
・徹底：「週一度は保育園に直接お迎えに行く」を徹底している。

　このような市民ニーズをきめ細かくとらえた政策が立案・実施できる背景には，「市民ニーズに役立つ行政サービスの提案」といった経営方針が明確であること，市長がそれを現場で浸透させていることがあります。市長が就任当時，市役所や職員に不足していると感じたマネジメントとマーケティングへの取組みの成果だといえます。

重要成功要因 成果に必要な経営モデル [KSF(3)]

　2つの代表的な実例を紹介してきました。前者の削減が伴う効率的な取組みにはリーダーシップが，後者の市民の賛同が必要な効果的な取組みには，職員の市民ニーズの把握と創造的な政策形成力が必要になります。この効率と効果に関する能力なくして，行政組織が社会に貢献できる成果を創出する「エビデンス」はありません。ただ毎日前例で動いているだけになります。

　行政組織が政策・公共サービスを通して市民の評価を得るには，丸腰ではできません。取組みの方向を示す意思決定と戦略，それを具現化する価値創造の取組み，それを担える職員が必要になります。それが経営の仕組み，つまりその組織の経営モデルです。組織活動の成果は，この経営モデルの適否（重要成功要因：KSF）に影響されます。そこで次は，流山市に大きな成果をもたらした，流山市の経営の仕組みを検討します。

1-4 人口増をもたらした流山経営モデルの概要

人口増の経営の仕組み7

1.全体の仕組みとそれを構成する個々の仕組みの関連

流山市の財政危機の可能性も噂された状態から、「人口が増える街」になるまでの軌跡と代表的な2つの政策を見てきました。まさに「行政が変われば，地域は変わる」の実例です。組織の総合的な成果指標である企業であれば顧客増，行政では住民増は，顧客減に悩んでいる企業，住民減を嘆いている行政には，まさに「垂（すい）涎（ぜん）の成果」です。ドラッカーは組織の目的を「顧客の創造[4]」とします。

ではTX開通で「沿線の負け組になる」と思われていた無名の流山市が，なぜ組織の目的である「市民増」という組織活動の総合的な成果指標を実現できたのでしょうか。その原因を考えます。

成果とは，「組織の外での良い変化[5]」ですから，成果の原因は働きかける組織のあり方に起因します。組織は人の協働体です。それは人の能力発揮を目指す複数の仕組みで構成する全体の仕組みです。よって組織の成果は，①全体の仕組みの目的，②全体を構成する各仕組みの役割と内容，③各仕組み同士の関連のあり方に影響され，これらを点検することで，良い場合，悪い場合の原因が特定できます。

この観点から，「市民増」を実現している流山市役所の諸活動を，市長へのロングインタビュー，多数の資料，各部局職員との議論を通

人口増の軌跡と協働と共創の経営モデル

じて得た情報，そして経営やマーケティングに関する知見を活用して
分析すると，成果の総合的な指標である「市民増」に結びつく7つの
経営の仕組みを抽出することができます。この7つの経営の仕組みを
統合した全体の経営の仕組みが「流山経営モデル」です。

2. 流山経営モデル：3つの経営方針と7つの経営の仕組み

◆流山市役所（全体の仕組み）の目的

　流山市役所の目的は，井崎市長が就任当初から現在まで，所信表明
の中で必ず述べる下記の3つの経営方針を実践し，流山市に集い住む
人たちを幸せにする街へと進化させ続けることです。

①1円まで活かす市政 ②市民に役立つ行政サービス ③流山の可能性を引き出すまちづくり	3つの 経営方針

　「1円まで活かす市政」は，市政全体に関する取組みであり経営（マ
ネジメント）に関することです。「市民に役立つ行政サービス」には，
マーケティング的な要素が必要です。最後の「流山の可能性を引き出
すまちづくり」は，街の資源を掘り起こし，耕し育て，新しい価値と
して創造するイノベーション的な取組みです。

　市長は，「就任して最初に取り組んだことは，『1円まで活かす市政』
です。無駄を排して効率的・効果的な市政経営を行うための行財政改
革です。これにより，『市民に役立つ行政サービス』『流山の可能性を
引き出すまちづくり』の実現に必要な財源を確保しました」と3つの
経営方針の関連を語ります。

　この3つの経営方針を市政経営の根幹に据え，「流山経営モデル」
を構築しながら，良質な街づくりに挑戦します。その結果が，組織活
動の総合的な成果指標である「人口増」につながります。

◆人口増を実現した7つの経営の仕組み（P.53図参照）

7つの経営の仕組み①：「真摯なリーダーシップの仕組み」

　この3つの経営方針を組織を通して実現するには，組織を構成する人たちの役割発揮が必要です。人の協働体である組織では，すべての人が，組織の目的実現に向けて，任された役割を遂行します。その組織には，組織内の個々の役割を目的に向けて1つにまとめる機能が必要です。それが組織構築の最初の経営の仕組みである「リーダーシップ」です。

　リーダーシップとは，リーダーの役割を担う人がマネジメントを活用して組織を動かす際の，リーダーの考え方，それを具体化する方法論，そして真摯な言動です。ドラッカーは，「リーダーは誰もがなり，必要なことはすべて学べる[6]」とします。そして必要な唯一の資質を真摯さとし，「この真摯なリーダーシップが適切に機能しなければ，組織は人の単なる集合場所になる」とします。流山市の「人口増」の成果には，この真摯なリーダーシップの仕組みがありました。

7つの経営の仕組み②：「ビジョン＆ミッションの仕組み」

　前述した流山市の軌跡からは，リーダーが代わった2003（平成15）年から，組織の活動と政策，そして成果が変化していくのが読み取れます。井崎市長は，2つの基本計画（下期5か年計画，後期基本計画）で地域ビジョンの方向を明示し，3つの行財政計画（改革実行プラン，経営戦略プラン，改善プラン）で，それを推進できる経営（マネジメント）の仕組み作りを実行しています。

　流山市に「人口増」をもたらした2番目の経営の仕組みは，最初の①真摯なリーダーシップの経営の仕組みの下で，②ビジョン＆ミッ

ションの仕組みを構築し，独自の地域ビジョンの提示と，その具体化を使命とする行政組織を創りあげたことにあります。

7つの経営の仕組み③：「市民ニーズの理解と信頼の仕組み」

行政組織は社会の1つの機関です。社会からの支持なしでは，その役割を果たせません。行政組織が市民ニーズを軽視すれば，規律を曲げれば，傲慢になれば，矜持を捨て去れば，信頼を失いその役割は消失します。

行政組織は人の協働体です。複雑な要素がからみ，時には自己中心に考え，市民ニーズを軽視する職員も出てきます。リーダーの役割を担う人も，多少の成功から無意識に傲慢になり，市民を忘れて独善になり信頼を失う場合もあります。これは回避しなければなりません。

それには，組織とそこで働く人たちが体得すべき規範が必要になります。それは，すべての行政活動において，主権者である市民の視点から自らの言動を規定し，習い性になるまで徹底することです。

井崎市長は，市長着任の年の8月に，マーケティング室を設置します。当時は関係者から「それは市役所に必要？」と抵抗を受けたこの決定が，経営方針の一つである「市民に役立つ行政サービス」の市民重視の考え方を，内外に示すことになります。組織を市民志向に変革し，市民ニーズの理解を独自なものにし，それが市民や移住希望者を獲得する政策の立案につながり，市政への信頼を高めます。

「市民ニーズの理解と信頼」の経営の仕組みは，行政組織の市民志向と信頼獲得を確実なものにします。これが，流山市に「人口増」をもたらした3番目の経営の仕組みです。

7つの経営の仕組み④：「全庁と各部の経営の仕組み」

「人口増」をもたらした4番目の経営の仕組みは「全庁と各部の経

営（マネジメント）」です。一定規模の協働体をリーダー１人で動かすことは不可能です。権力や命令で人と組織を動かすことは，組織沈滞の元凶です。三流以下の経営（マネジメント）になります。

地域ビジョンを明示し，周囲に市民起点の言動を要求するだけではまだ不足があります。地域ビジョンの価値を具体的に実現する仕組みの構築が必要です。それも組織すべての能力を発揮できる仕組みです。その実例として，流山市が取り組んだ，組織を方向づけるトップダウンの全庁経営の仕組み，現場で働く人を機能させるミドルアップの部局経営の仕組み，そして市民接点から市民の声を届けるボトムアップの現場の仕組みで構成する「全員参画の経営」があります。

流山市では2005（平成17）年度から本格的な行財政改革に着手し，2007年度に，「部局長の仕事と目標」とする部局経営の仕組みをスタートさせます。2016年度には「日頃の業務からの改善徹底」とするボトムアップの体制を強化します。

全庁経営の仕組みなしでは，組織は方向を失います。部局経営の仕組みなしでは，組織は政策の展開力を消失させます。現場での工夫や様々な提案がなければ，市民ニーズに合致した政策が最少になります。

流山市の「人口増」は，流山市が，行政には経営（マネジメント）力が必要とし，3つの行財政改革で，4番目になる全庁と各部の経営と現場での改善の仕組み構築に挑んだことにあります。

7つの経営の仕組み⑤：「市民起点の政策マーケティングの仕組み」

行政組織は政策・公共サービスを通して市民生活に貢献します。地域ビジョンや戦略が立派でも，それが現実の政策・公共サービスとなって市民に提案され，「役に立つ」と評価されなければ形だけになります。

市民に評価される政策・公共サービスの提案には，政策形成プロセスや業務プロセスが必要です。流山市は，このプロセスに価値創造を役割とする「マーケティング」を活用します。マーケティング室（後に課）を設置しその必要性を明確にしました。それは組織内のプロセスだけではない，外部の協働者も含めて共創して地域価値をつくり込む共創型のマーケティングの仕組みでした。マーケティング課の課長は外部から採用し，マーケティングによる成果を追求しました。

　最初は導入に抵抗した職員も，マーケティングを活用した政策が徐々に市民の支持を得るようになると，マーケティングに対する理解が変わり広がります。他の行政組織にはない「強み」になります。

　マーケティングなしでは，政策の成果創出の「エビデンス」を失います。流山市に「人口増」をもたらした5番目の経営の仕組みはマーケティングの仕組みです。マーケティングの意義を理解するリーダーがいたことが，行政組織の成果を確実なものにしました。

7つの経営の仕組み⑥：「組織と職員の能力開発の仕組み」

　「人口増」をもたらす6番目の経営の仕組みは「組織と職員の能力開発」です。経営ビジョンの遂行と経営とマーケティングの要請に応えられる人材の育成です。

　行政組織は，地域ビジョンの実現に向けて，最新の市民ニーズを把握します。把握した多くの市民ニーズから，最適な「機会」と組織の「強み」を組み合わせた戦略的な対応方向（マネジメント）を決定し，地域ビジョンの実現に関する価値の創造（マーケティング）を計画します。ここで必要となるのが，それを担える人材です。

　流山市は，職員を「大きな可能性を持ったかけがえのない財産」とし，「総合計画後期基本計画」の実現を担う職員であることを目的と

した，目指す職員像を明らかにした人材育成計画を策定します。

組織のフラット化と権限の委譲を進めて組織体制を強化し，採用間口を拡げ，教育を充実し，人事制度を改革し，職員の成果を評価し，能力開発を進めます。組織成果の総和は組織能力発揮の総和に等しくなります。成果の総合的な指標である「人口増」をもたらす6番目の経営の仕組みは，市民起点の市政を担える人材重視の姿勢とその育成の仕組み構築にあります。

7つの経営の仕組み⑦：「市民との協働と共創の仕組み」

「人口増」に貢献する7番目の経営の仕組みは「市民との協働と共創」です。社会の多様な変化は，行政も企業も作り手だけの力では，社会に貢献できる価値の創造を難しくしています。内外の関係者との協働による共創が求められます。

その中心になる市民は，生活上のコミュニケーションやソーシャルメディアのネットワークでつながり，地域と生活情報を共有したコミュニティを形成しています。市民は「自立する主体」として台頭しています。この自立した市民との協働による共創が，政策・公共サービスへの市民ニーズの反映を決定的なものにします。

市民との協働による共創には，互いの密な交流と相互の信頼が重要になります。地域経営に責任のある行政には，フェアな業務姿勢，すべてを見せる情報の公開，真摯な言動が不可欠です。

井崎市長は，「就任以来，市民との協働や市民の知恵と力を活かす経営の仕組みの構築に取り組んできた。結果，現在では多くの分野で，市民が公益事業を担い，市民サービスの向上に絶大な貢献をして頂いている」と語ります。この市民主体の協働と共創の経営の仕組みが，流山市に「人口増」という大きな成果をもたらしています。

◆各仕組みの関連：流山経営モデル（下図参照）

　以上の流山市の活動から抽出できる7つの経営の仕組みは，目的実現に向けて互いに関連します。3つの経営方針を前提に，「①真摯なリーダーシップの仕組み」は，リーダーの役割を担う人にとるべきリーダーとしての言動を明らかにします。その言動は常に真摯で市民起点です。「②ビジョン＆ミッションの仕組み」は，実現すべき未来を示し，それを具体化する仕組みを構築し，自己評価を徹底します。

　「③市民ニーズの理解と信頼の仕組み」は，他のすべての仕組みに，市民ニーズと地域の動向を伝えます。例えば，「②ビジョン＆ミッションの仕組み」では，得た市民ニーズに基づき，地域ビジョンを総合計画で，それを実現する経営のあり方を行財政計画で明示します。

　「④全庁と各部の経営（マネジメント）の仕組み」は，地域ビジョンを環境変化に即して重点かつ具体化する仕組みです。重点方向に沿った政策・公共サービスの提案は，「⑤市民起点の政策マーケティングの仕組み」で関係者と共創しながら行います。

　地域ビジョンの創造やそれを具体化する組織活動には，専門知識や新たな能力が必要なことから，その開発を「⑥組織と職員の能力開発の仕組み」で行います。さらに，地域ビジョンの創造からその具体化

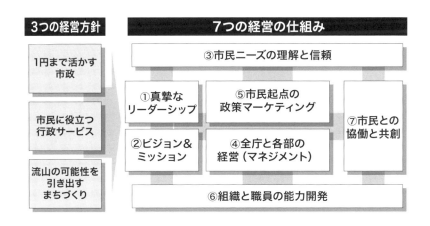

には，市民との協働による共創が欠かせないことから，「⑦市民との協働と共創の仕組み」でそれを徹底します。

このように7つの経営の仕組みが相互に関連して機能することで，行政組織の活動が，市民起点の地域ビジョンの実現に向けた整合性のある一貫したものになります。その結果が「人口（市民）増」になります。

この経営の仕組みと相互の関連は，厳しい環境でも成果をあげる企業の経営モデルと似ています。その経営モデルは特殊なものではなく，井崎市長も「自治体経営でなすべきことは民間企業の経営と同じ[7]」とします。

重要成功要因 真摯な経営モデルの必要性 KSF

人口減少はもはや避けられない危機です。だとすればなすべきことは自らを刷新して対応することです。人口減をもたらしたこれまでの行政運営のやり方を廃棄し，市民起点で新価値が創造できる経営の仕組みを構築することです。そして傲慢さを避け真摯な言動で，市民の信頼と協働が得られる組織（KSF）に変わることです。

「市政は経営である」「リーダーシップとは知り得て害をなさない真摯さである」ことを信念とする流山市のリーダーには，それが見えていました。心強いことに，ドラッカーは「確かに成功実例の存在は少ない。しかし実例があることは誰もが可能であることも意味する[8]」と助言します。

次の2章では，本章で明らかにした行政経営モデルの「威力」を，流山市の業績と内外の評価から明らかにします。それは，市民起点の経営の仕組みが，人・組織と社会に成果をもたらすことを確認し，行動を決意することでもあります。

第1章　人口増の軌跡と協働と共創の経営モデル

こうして流山市は人口増を実現している

流山市の実力：
業績と内外評価

第2章

流山経営モデルは，エビデンス（根拠）が明瞭であることから，下記のような実績に結びつきます。

政策適合 → 市民増加 → 雇用創造

2-1 移住者と交流者を増やす

移住市場は**無限** 必要なのは地域の魅力を掘り起し耕せるかです

1. 移住者のニーズ把握とマーケティング活動

　ドラッカーは，組織の目的は「顧客（市民）の創造[1]」であり，マネジメント（経営）体系の中で，それを可能にする直接の機能がマーケティングとします。流山市は，先の「流山経営モデル」でこれを実践し市民増を実現しています。「流山経営モデル」の実力を確認します。

◆転入者の移住元地域分布からの分析結果
　市民増については，1章で人口増加の推移や年齢構成の変化を明らかにしたことから，ここでは，移住者の移住元地域や移住動機を検討し，人口増の内容とマーケティングの効果性を明らかにします。
　市が公表している「流山市転入者アンケート」（2013～2018年度）結果を集計し分析すると下記のことが判明します（右図参照）。
①転入者の69％が県外から移住している
　→住む場所を選択する「移住市場」は全国的な拡がりがある。対象者のニーズを細分化し特定するマーケティングが必要になる。
②東京，茨城，埼玉といった隣接自治体からの移住（37％）が多い。
　→移住に関する都市間競争は激しく他との違いが必要になる。
③県内からの移住（31％）が一番多い
　→生まれ育った近くの場所に住みたいという基本的な願望は強い。
④県外では東京からの移住（18％）が一番多い

流山市の実力：業績と内外評価

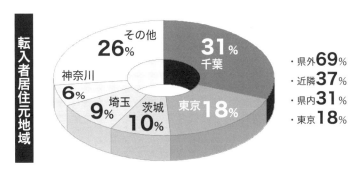

資料出所：流山市転入者アンケート

→ニーズ（働く・学ぶ）を特定したマーケティング活動が有効。

　移住元分析からは，移住市場の攻略は，その規模の拡がりと地域内外の競合の激しさから，明瞭な対象の設定と，自地域の特徴を掘り下げた，他とは異なるシャープな提案が必要なことが分析できます。

◆転入者の移住動機分析からの分析結果（次ページ図参照）

　「流山市転入者アンケート」では「移住動機」も把握しています。これを集計して分析すると下記のことが判明します。
①通勤と通学の利便性と仕事と通学の都合がトップに
　→住むことが主目的ではない。生活，つまり働くこと，学ぶことができない場所で住み続けることはできない。移住動機の基礎的な要素である。これからすると，働く場，学ぶ場が豊富な東京（母都市）へのアクセスの良さは，流山市の強みになる。
②物件，気に入った住環境の良さ，地縁・血縁が上位に
　→これは政策的にコントロール可能な要因である。一定の規制による住環境の維持と地域価値に関する口コミも含めた内外への様々な働きかけは流山市の中核政策である。その中期的な取組みと提案が「大きな買い物」をする移住希望者のリスクを最小にする。政策力に乏しい信頼されない行政では移住の増加は望めない。

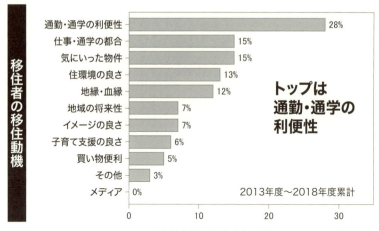

資料出所：流山市転入者アンケート ※複数回答

　以上の2つの分析から，移住は，まだ実際に住んでいないのに住むことを決定してもらう，移住希望者には魅力と大きなリスクが共存した購買行動になります。行政側には地域経営力，政策力，マーケティング力，信頼性が求められる総力的な活動になります。

　具体的には，地域の魅力を高めることを決意し，対象者の顕在と潜在的なニーズを把握し→そこから地元の資源を掘り起こし耕し育て→その独自の価値を提案し→理解してもらい→来てもらい→見てもらい→比較してもらい→納得してもらうマーケティング活動です。これに，移住した人の実感を，口コミやメディアで拡散することができれば，大きな成果につながります。

　これは，住民はライフステージの変化に対応した生活する場を常に求めており（移住市場は常にある），地域がそのニーズに応える良質な街づくりとその提案ができれば，全国規模の移住市場から，対象とした人を引きつけることができることを意味します。

　ここに，利便性，落ち着いた住環境，地域の将来性をバランス良く求めている移住希望者の顕在・潜在ニーズを把握し，地域の資源から

流山市の実力：業績と内外評価

「利便性＋住環境（街並・自然）＋子育て＋教育」を創りあげ提案した流山市の経営とマーケティング戦略の的確性があります。

2. 交流人口増のねらいとその実績

　交流人口の増加には，1.移住検討きっかけの拡大，2.地域経済への良好な影響があります。流山市では，この効果を期待し，市内外から市内を楽しんでいただくために，お洒落なイベントやツーリズムの企画と発信に積極的に取り組み，交流人口を増やしています（下図参照）。

　市長は，「日本の人口減少が加速する中，流山市の定住人口もやがては限界がくる。それまでに，ベッドタウンの流山市でも，交流人口増加策を展開し，地域経済が少しでも潤うようにしなければならない」とします。

　そのためには流山市を，人に薦めたくなるあこがれの街として育てるとし，地域内の魅力を引き出し，多様なイベントとコミュニケーション方法で内外に訴求し目標の達成に挑みます。主要イベントの来場者数は年々増加し，2017年度の来場者数は415,614人になりました。

イベント動員数&ランキング比較

比較時期	2012(平成24)年度		2017(平成29)年度	
イベント動員数合計	329,756人		415,614人（+85,858人）	
イベント件数	27件		51件（+24件）	
イベントBest5	イベント名	動員数	イベント名	動員数
	1　流山花火大会	140,000	1　流山花火大会	115,000
	2　NAGAREYAMA森のマルシェ　ナイトカフェ	37,065	2　NAGAREYAMA森のマルシェ　森のナイトカフェ	52,500
	3　NAGAREYAMA森のマルシェ　＋ストリートアート・プアモリエ	27,000	3　花と緑の祭典　「流山グリーンフェスティバル」　＋グリーンカフェ	34,700
	4　花と緑の祭典　「流山グリーンフエステイバル」　＋森のマルシェカフェ	24,000	4　NAGAREYAMA森のマルシェ　森のマルシェ・ド・ノエル、　流山アイスワールド	25,150
	5　流山市市民まつり	18,000	5　流山産業博	20,000

2-2 経済産業活動の活性化と雇用の創出

政策適合 ➡ 市民増加 ➡ 雇用増加

1. 企業活動の活発化と雇用の増加

◆市内外で働く人が増える（右図参照）

　人口増に伴い，働く市民と市内で働く人が増えています。市内の産業別就業者数は，2000（平成12）年と2015年の比較では，8,851人の増加です。市内の産業別事業所数及び従業者数を2009年と2014年で比較すると，全産業での事業所数は33（4,101→4,068）のマイナスですが，従業者総数は3,982（36,056→40,038）人の増加です。内訳の業種別では，農業，建設業，製造業は減少ですが，医療・福祉（+3140人），宿泊・飲食サービス（+432人），運送業・郵便業（+386人），卸・小売（+251人），情報通信業（+202人），教育・学習支援（+164人）を中心に働く人が増えています。

　これは市内の昼間就業人口の増加でもその傾向が伺えます。2000年と2015年を比較すると，市内の昼間就業人口は7,654人の増加です。地域内で働く人が増えています。この他にも昼間人口での外部流入就業者数の増加（+4,384人）は，市外からの働く人の増加を示します。また昼間流入人口も増えていることから（+3,305人），市外から人が集まり，市内が活性化している状況が読み取れます。

　市では，TXと常磐自動車道による東京への利便性を柱に，市外の人への移住促進，企業・学校の誘致を進めてきました。その活動の成果が市民の増加→企業の進出→雇用の増加として具現化しています。

流山市の実力：業績と内外評価

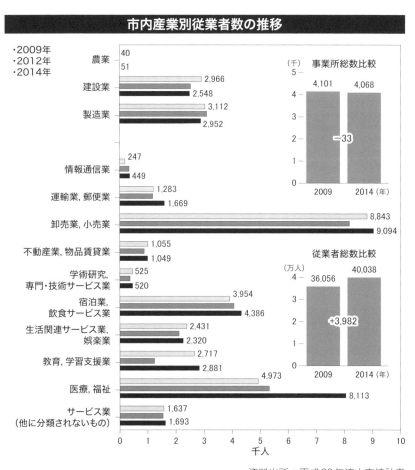

資料出所：平成28年流山市統計書

	2000年	2010年	2015年
産業別就業者数	73,246	77,569 (4,323)	82,097 (8,851) ↗
市内昼間就業人口	34,260	39,631 (5,371)	41,914 (7,654) ↗
外部流入就業者数	12,751	15,386 (2,635)	17,135 (4,384) ↗
昼間流入人口	17,194	18,932 (1,738)	20,499 (3,305) ↗

※単位人，（ ）内は2000年との比較
資料：平成28年流山市統計書

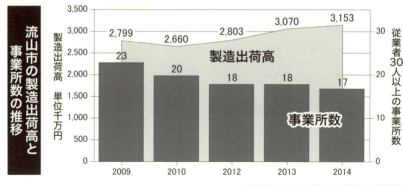

流山市の製造出荷高と事業所数の推移

資料出所：平成28年流山市統計書

◆製造出荷額の推移

　生産活動の量的指数である製造出荷額（その事業所の所有する原材料によって製造されたものを当該事業所から出荷した場合）も増加しています。事業所は減っていることから，事業所毎の生産活動が活発化していることが推測できます（上図参照）。

2. 企業の進出による地元雇用の拡大

　流山市に移住した市民は，それまで流山市の弱みとされていた企業の不足を，耕作放棄地の活用を伴って解消していきます。2016年7月21日，大和ハウス工業は，千葉県流山市の常磐自動車道「流山IC（インターチェンジ）」から約2.7kmの地点で開発する国内最大級の規模（敷地面積20万坪：サッカーコート80面分）になる物流施設「DPL流山Ⅰ」の建設に着工しました。

　2023年に完成するDPL流山全体で約8,000人を雇用する計画で，2019年までに2,000人の雇用を見込んでいます。そこで，女性が働きやすい環境づくりのため，2018年に約600人の子どもを受け入れられる国内最大級の事業所内保育園を整備します。通勤利便性を高めるため，乗用車用駐車場を約400台分確保します。県道沿いには，将

来30m近くまで成長が期待されるメタセコイアの並木を配し，市道沿いは桜並木とし，景観への配慮も行います。企業の役員は「緑と子育てに配慮し，地元の雇用と税収拡大に貢献したい」と起工式後の記者会見で発言します。

さらに，2016年9月，中国，日本，ブラジル，米国で事業を展開する海外の大手物流施設会社も，同じ流山ICに近接する農地を開発した大型施設（GLP流山I）の起工式を行いました。

企業のトップは「2千人規模の働き手が必要で，ベッドタウンに近いことも進出の決め手となった。施設内にカフェやコンビニエンスストア，託児所も設置し，従業員の働きやすさも追求する。流山市が掲げる『都心から一番近い森のまち』と協調し，環境配慮，地域調和を目指し，約29,000m^{2}の緑化計画，公開緑地，歴史的な地域遺産の継承など，物流施設の社会的役割を追求した」と語ります。

共働き世代を対象にした市の諸政策の成功に起因する市民の増加に伴い，医療・福祉や生活に関連する小売，飲食のサービス業が増え，街が活気づいています。その市民活力を活用する，より大きな企業が進出し，市が目標としている「子どものそばで働けるまちづくり」を加速させます。この成果の始点は，市民増を実現した政策の適合性にあることを忘れてはなりません。市民起点の政策は地域を変えます。

・大和ハウス工業の物流施設：8,000人の雇用
・海外物流施設会社：2,000人の雇用

2-3 外部評価から見た流山市の実力

1. 都市のランキングによる評価

　15年前は「他から訪れる理由や機会が殆どない大変地味な街」といわれた流山市が、現在では人口増を実現したマーケティングの先進自治体といわれます。インターネットで「流山，マーケティング」で検索すると，「ここ10年間で人口が2万人も増加した流山市のマーケティング」「30代人口急増！流山市のマーケティングによる街づくり」「市長のリーダーシップで人口増を実現」といった表題が，検索画面に列記されます。

　各地の議会でも「先進の流山市のマーケティング事例によれば…」「流山の視察から得られた情報によれば…」といった質疑がされています。市への視察依頼も多数あります。この各方面から評価される流山市の経営モデルの評価を分析し，その威力を確認します。

◆都市データパックでの評価（右図参照）
　東洋経済新報社独自の調査に基づく都市別の「住みよさランキング」は，全国47都道府県すべての市と東京特別区を対象とした1993年に開始した評価です。これは，毎年各メディアに取り上げられる注目度の高いランキング調査です。

　流山市のランキングを，井崎市長の市長初就任時の2003（平成15）年と2018（平成30）年で比較すると，「都市力」を示す「住みよさランキング（安心度，利便性，快適度，富裕度，住居水準充実

度)」は，628位から14位になり，県内では3位です。「成長力ランキ
ング」で5位，財政健全度ランキングでは72位です。驚異的な飛躍
であり，快適な街づくりをしている成長都市のポジションです。

年度	2003	2018	
	全国	全国	県内
総合評価	628位	↗14位	↗3位
安心度	642位	81位	1位
利便性	672位	190位	15位
快適度	302位	8位	2位
富裕度	54位	134位	12位
住居水準充実度	499位	571位	28位
成長力ランキング		5位	1位
活力度ランキング		529位	21位
財政健全度ランキング		72位	7位
近隣自治体の2018年の総合評価（全国）			
【千葉県】印西市1位，成田市10位，柏市67位，浦安市129位，千葉市264位，松戸市412位，野田市544位【茨城県】守谷市4位，つくば市7位【埼玉県】八潮市157位【東京都】足立区349位			

◆経営革新度による評価（次ページ図参照）

　経営革新度は，日本経済新聞社が全国の市区を対象に，行政運営の
「透明度」「効率化・活性化度」「市民参加度」「利便度」の4つの要素
で調査を実施し，行政運営の革新度合を評価したものです。行政の経
営力を表す意義ある調査です。

　この調査で流山市は，2002年の調査からランキングを伸ばし，
2011年10月の調査では，総合評価において三鷹市，厚木市に次いで
全国第3位となります。その後の2014年の調査（調査は1998年に開
始した前身の「行政革新度調査」を含め8回目）では全国6位と高い
順位を維持します。ランキング10位までの自治体には，市民目線の

市民との協働で共創型の政策を積み上げた自治体が並びます。流山市もその1つです。同時に実施された行政サービス度調査でも2008年に大幅な躍進を遂げています。「市民に役立つ行政サービス」の提案の成果です。

経営革新度 日経グローカル	・2002年：469位（672自治体中） ・2004年：406位（718自治体中） ・2008年：　8位（806自治体中） ・2011年：　3位（809自治体中） ・2014年：　6位（812自治体中）
行政サービス度	・2002年：311位（673自治体中） ・2004年：220位（718自治体中） ・2008年：28位（806自治体中）

◆市民1人あたりの行政コストによる評価

　日経グローカルは2006年と2007年に「全国市区のバランスシート調査」を実施し，市民1人当たりの行政コストが一番低いのは流山市と発表します。「1円まで活かす市政」の成果です。

　全国市民オンブズマン連絡会議は，1997年から「全国情報公開度調査（交際費公開度・運用，議会の情報公開，情報公開制度，会議の公開に関する調査）」を実施します。流山市は3年連続で1位を獲得しています。「真摯さ」への取組みの成果です。

行政低コスト 日経グローカル	・2006年：1位（247自治体中） ・2007年：1位（306自治体中）
情報公開度 （全国市民オンブズマン連絡会議）	・2009年：1位（854自治体中） ・2010年：1位（815自治体中） ・2011年：1位（855自治体中）

◆市民による窓口対応アンケートによる評価

　流山市では，来庁された方々に利用しやすい環境を目指して窓口対

流山市の実力：業績と内外評価

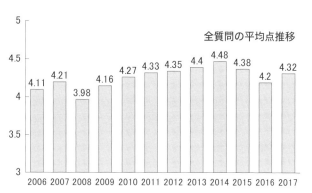

高水準の平均点

資料出所：窓口対応アンケート調査

	平均	①庁舎の案内表示	②対応の仕方	③説明の仕方	④手続きの仕方	⑤待ち時間	⑥全体的な印象
2006年度	4.11	3.95	4.15	4.15	4.20	4.14	4.08
2017年度	4.32	4.36	4.43	4.44	4.27	4.27	4.39
比較差	+0.21	+0.41	+0.28	+0.29	+0.07	+0.13	+0.31

応の改善に取り組んでいます。毎年その結果をアンケートで把握し改善しています。調査は，①庁舎の案内表示，②対応の仕方，③説明の仕方，④手続きの仕方や申請書の分かりやすさ，⑤用件が済むまでの待ち時間，⑥全体的な印象の6項目について5段階評価（満足度の高い順に5点から1点）で行います。

2006年度の開始からの6質問の平均点は，2008年度を除いて4点台を超えています（上図参照）。質問別の評価を2006年度と2017年度で比較すると，全項目の評価が向上し，②対応の仕方（言葉づかいや態度）と③説明の仕方（分かりやすさ）は4.4を超えています。市民からの高い評価です。

市民との接点は重要です。1つは，「市役所や公共施設の窓口は市民が行政に接する一番多い場所」であることです。市民の多くがここ

での体験から行政全体を評価します。2つめは職員が「市民の反応」と直接に接する場であることです。分かりやすく丁寧に対応することは当然ですが，市民とのやり取りから市民ニーズと現場感覚が得られます。

2. 財政の推移

◆主要4指標の推移

　行政活動の結果は中長期的には財務に現れます。4つの指標で確認します。最初は市の市税収入に占める一般職員人件費の比率です。歳出総額における人件費の比率ではありません。市民に役立つ効果的な仕事を効率的に行うことで変動する指標です。市税収入の年々増加と人件費の節減から，人件費比率が減少を続けています。職員1人当たりの生産性が向上しています。40％以内の目標値も達成しています。働き方や仕事の改革が進展しています。これからも引き続き人件費比率の改革を進めるとします。

　2つめの経常収支比率は，財政構造の弾力性を測るもので，人件費，扶助費，公債費などの経常的経費に，経常的な一般財源がどの程度使われているかを示す指標です。数値が低いほど政策的に使える税金が多くあることを示します。2014（平成26）年度から比率が上昇し，2016年度には88.1％になっています。これは，人口増に伴う私立保育園運営費や子ども医療費助成などの扶助費の増加などが影響しています。成長に伴う費用増ですが，流山市は90％を超えないように，経費の削減に努めています。

　3つめは市債残高の総額です。市民1人当たりの金額は2013年度から上昇しています。これは，おおたかの森小・中学校建設事業，キッコーマン アリーナ建設に必要な市債の借入額のほか，国の交付税の不足分を立て替えて発行する臨時財政対策債の残高が増加したことに

流山市の実力：業績と内外評価

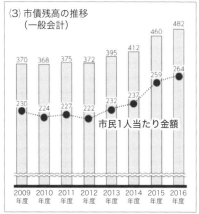
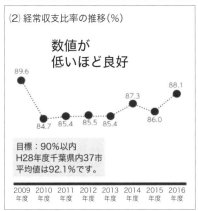
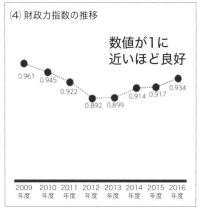

よるものです。施設の活用による市民活力の向上が重要です。

　4つめの財政力指数は，地方公共団体の財政力を示す指数で，数値が1に近いほど財源の余裕を示します。年々数値が改善され2016年度は0.934です。同年度の千葉県の平均は，0.72です。

◆自己評価
　財務部長の仕事と目標には「平成22年度決算における財政健全化4指標の数値は，早期健全化基準以内です」と明記されています。井

崎市長も2018（平成30）年の第1回定例会で，「この健全な財政状況を将来にわたって維持していくため，健全財政維持条例を，去る12月議会に議決いただきました」と述べます。

これからの歳入についても，「税収は増えており，就任当時の2003年度の一般会計は390億円，市税は191億円でしたが，2016年度は一般会計は557億円，市税は258億円です。転入者の担税力もあがっており，財政は健全です」と答えます。

重要成功要因　よく練られた経営の仕組みは成果をもたらします　KSF

業績と内外の評価は結果です。その高業績と高評価はよく練られた経営の仕組みからもたらされます。結果の評価と同様に経営の仕組みの評価が大切です。

世界の経営者の必読書である『ビジョナリー・カンパニー』の著者であるコリンズは，社会に貢献できる成果を出すには，素晴らしいアイデアやヒット政策は必要ない。必要なのは建築家のようにビジョナリー・カンパニーになる組織を築くことに力を注ぐこととします[2]。

流山市は良好な成果と評価を手にしています。それは偶然ではなく，市民の活力を結集できる目標を掲げ，それを担える行政経営の仕組みを構築し，毎年その成果を点検し，その仕組みを継続的に改善してきたことにあります。まさに，ビジョナリー・シティカバメントになる組織を築くことに力を注いできたのです（KSF）。その成果が顧客の創造，つまり「人口増」です。これは経営（マネジメント）の定石であり，特別のことではありません。すべての人と組織に可能なことです。

流山市の実力：業績と内外評価

第Ⅰ部の成果編から第Ⅱ部の方法編へ

成果編

第Ⅰ部は，序章では，流山市の未来戦略。1章では，人口増と市の行政活動の関連，流山市の行政活動を象徴する2つの政策，これらの行政活動を可能にする「流山経営モデル」。2章では，その経営モデルがもたらした業績と内外の評価を明らかにしました。流山市の定住と交流人口増，働く場の拡大，高い外部評価，財政の改善といった様々な成果は，流山市経営モデルの効果性を示します。

ドラッカーは，社会の機関である行政組織の目的は，「市民の創造（人口増）」とし，住む人，働く人，学ぶ人が増えているかとします。その目的の実現のために，組織に成果をもたらす経営（マネジメント）を発明します。流山市の「人口増」を中心にした成果からすれば，流山市役所は、行政組織としての役割を果たし，地域社会の安定と発展に大きく貢献しています。

方法編

次の第Ⅱ部では，この流山市役所の躍進を可能にした「最重要成功要因：流山市の経営（マネジメント）モデル」の詳細を明らかにします。

それはドラッカーが指摘するように，「組織に成果をもたらす考え方，体系，手法[3]」です。さらに社会学者であるドラッカーは，経営（マネジメント）を社会で生活する人の「幸せ実現」に役に立つように発明しています。市民の幸せ実現が重要な使命である行政組織には，存在を左右する方法論です。修得すれば誰もが成果を手にすることが可能になります。

流山市役所

第Ⅱ部

方法編：
流山市に人口増をもたらした

7つの経営の仕組み

こうして流山市は人口増を実現している

第3章

仕組み①リーダーシップ

市長は
真摯で市民起点です

最初の経営の仕組みは, リーダーシップの仕組みです。その本質は範です。真摯さです。リーダーは組織を代表する存在であり, あるべき組織を象徴する存在です。流山市にはそれを志向するリーダーシップがあります。

③市民ニーズの理解と信頼

①真摯なリーダーシップ	⑤市民起点の政策マーケティング	⑦市民との協働と共創
②ビジョン&ミッション	④全庁と各部の経営（マネジメント）	

⑥組織と職員の能力開発

（―流山市に人口増をもたらした7つの経営の仕組み―）

3-1 組織に必要なのは尊大なリーダーではない

Point

組織は人の協働体です。その人々の活動を1つの成果に結びつける役割がリーダーです。リーダーはマネジメントを活用しその役割を果たします。組織を取り巻く環境は変化します。組織は変革が求められ，進むべき方向とその道程を示すリーダーシップが必要になります。

1. 初就任時の臨時会と12年後の定例会の違い

◆新リーダーの選挙での約束

　2003（平成15）年4月26日の夜，井崎氏の選挙戦最後の演説は，「私は皆様に3つのお約束をする。1つめは流山の財政を再建する。そのために市長給与を20％カットし，まず自らが痛みを持ってスタートする。2つめは流山の可能性を引き出す街づくりを進める。しっかりと先を見据えて，若い方たちが住みたくなる街づくりをする。3つめは税金の使い方を見直す。利権やしがらみのない1円まで活かす市政を実現する。市長は誰がやっても同じではない。皆さんの税金をより正しく使う候補者を市長に選んで欲しい[1]」と。

　その反応は翌日の27日の夜に判明します。4年前の1999年4月25日，「行政は市民へのサービス業」と訴えて落選した時の獲得投票数は20,344票（得票率：31.71％），今回の獲得投票数は34,682票（得票率：55.97％）で当選でした。

仕組①リーダーシップ　市長は真摯で市民起点です

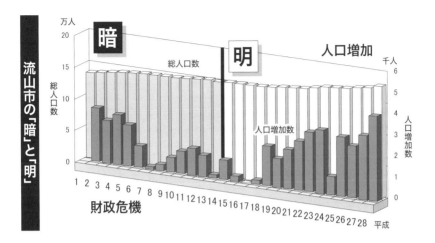

◆就任初の所信表明と12年後の施政方針の内容

　当選した翌月の5月6日，財政危機に陥る可能性のある流山市の市長に「しがらみのない市政」「1円まで活かす市政」の実現を公約に掲げた井崎氏が登庁します。庁舎玄関広場での就任式の後，庁舎4階の委員会室に集合した職員に最初の訓示を行います。「成果を出す市政の実現，特に財政危機の回避，市民から信頼され頼りにされる市役所づくり，創意工夫に満ちた活気のある職場づくり，この3つを実現したい」と改革への決意を伝えます。職員の多くは「それなりにやってるのにそんなに危機的?」といった反応でした。

　続く5月23日は臨時会での所信表明です。登壇した井崎市長は議場に深く一礼した後，市の現状に対する危機感の表明，その対応方向と続けます。その内容は，「市長の私に課せられた最重要課題は財政再建団体転落の回避」とする厳しいものでした…（次ページ参照）。

　しかし，それから12年後になる2015年2月の定例会（3期目最後）での施政方針の内容は様変わりします。まさに流山市の「暗」と「明」を象徴するものでした（上図参照）。

暗 2003(平成15)年の5月6日の臨時会での財政危機の所信表明

【現状】 最初は客観的な現状分析です。

　流山市の財政状況は自治体経営における危険警戒水準を超えた。公債費負担比率は15.8％にまで悪化。さらに，TXの沿線開発費用負担の激増，地方交付税の減額など，財政環境は厳しい。

　私に課せられた最重要課題は，財政再建団体転落の回避である。

　今，流山市に必要なことは，地域経済の活性化，市民満足度を高める行政改革，市民の税金を1円まで活かすための基盤強化と財政改革を断行することである。

【組織】 次は行政組織のあり方の明示です。

　行政は納税者へのサービス業である。提供する行政サービスが，市民に役に立つサービスとして提供されているかどうかは，流山市行政の存在理由の根幹の問題である。サービス業としての流山市行政を確立する。

【改革】 三番目は行政改革についてです。

　このためには，流山市行政にはびこった前例踏襲主義の払拭が必要である。市民の命を守り，自立した生活を充実・確立するために財政的な無駄の見直し，必要な事業にはその裏づけとなる財政的な充実を行い，形骸化した既存制度に魂をいれた運用に最大限の努力を行う。

【決意】 最後は改革への決意です。

　21世紀の流山の形はむこう10年で形成される。輝かしい流山が実現するかどうかは，今を生きる我々市民一人ひとりの夢を形にする強い意思にある。私は，自らを律し，第5代流山市長の職責を果たすべく全力を尽くす覚悟である。

仕組①リーダーシップ　市長は真摯で市民起点です

明 それから12年後の2015(平成27)年3月定例会での成果の報告

【振返】冒頭は12年間のレビューから始まります。

　平成15年5月，効率的・効果的な市政経営の実現に向けて私が第5代流山市長として就任してから，12年の歳月が経過した。

　「1円まで活かす市政」「市民に役立つ行政サービス」「流山の可能性を引き出すまちづくり」を市政経営の旗印に掲げ，良質なまちづくりに向け，全力で取り組んできた。

【成果】次は，これまでの成果です。

　結果として，平成27年2月1日現在の人口は約17万3千人となり，就任当初に比べ2万2千人増加になる。高齢者人口の増加はあるが，同時に年少人口や生産年齢人口も増加している。

　平成25年中の人口増加率は1.11％で，千葉県内で第1位，人口増加数では全国10位となり，合計特殊出生率においても全国平均の1.43よりも高い1.50になり，全国でも注目される自治体になった。さらに，「まちづくり達成度アンケート」では，「流山市に住み続けたい」という定住の意向をお持ちの方が，平成25年度では過去最高の82％へと増加した。しかし自治体の存続をかけた都市間競争は激しくなる。発展のためのマーケティング戦略を積極的に推進する。

【決意】最後は良質なまちづくりへの「決意」です。

　私は，日本全体が人口減少時代にあるなか，子育て世代を中心に人口増加を続けるこのまちを，市民には「住み続けたいまち」，市外の方には「住んでみたいまち」と思って頂ける，「良質なまちづくり」を進めるため，市政経営に全身全霊を傾け取り組んでいく決意である。

2. 2045年までに市区町村の98.9％で総人口が減少

◆「既に判明した日本の悲劇的な未来」：国家経営の失敗

　2つの所信表明の内容を見比べると，12年間で流山市は大きく変貌したことは明白です。12年間で市民2万2千人の増加，2013（平成25）年の人口増加率は千葉県内で第1位，人口増加数では全国10位，合計特殊出生率においても全国平均よりも高い1.50とは，流山市政の素晴らしい成果です。

　市民の増減は市政活動の結果です。増加は歓迎すべきことですが，減少の継続は自治体消滅を意味します。民間企業では，顧客の減少はトップの辞任に直結します。顧客減を「他も同じ」として放置したら，そこで事実上の企業倒産が確定します。

　日本の現在の人口減は，何度も人口減の危機が叫ばれていながら，その課題に本気で取り組まなかった国家経営の大失敗です。人口減少といった明瞭すぎる重大な長期的課題よりも，目先の経済対策を優先したリーダー群の陳腐すぎる価値観と稚拙な政策決定です。これが地方や国存立の基盤になる人口減少に関する政策への取組みを二義的なものにし，現在の深刻すぎる社会問題を引き起こします。悔やみきれない「近視眼的後手行政」の典型例です。

　2020年に女性の半数が50歳を超える，2024年に国民の3人に1人が65歳以上になる，2040年には896の自治体が再生不可能地域になるとする「既に判明した悲劇的な未来」からすると，人口減少と少子高齢化への対応はすでに八方塞がりの感があります。

◆2020年以降は市区町村の9割以上で総人口が減少する

　事実，公表された「日本の将来推計人口（平成30年推計）」（出生中位・死亡中位仮定）によれば，2020年以降，9割以上の市区町村で総人口が減少します。

仕組①リーダーシップ　市長は真摯で市民起点です

すでに2010（平成22）年から2015年にかけて1,367の市区町村（全体の81.3％）で総人口が減少しています。総人口が減少する市区町村は今後も増加し，2020年から2025年にかけては1,537の市区町村（全体の91.4％），2030年から2035年にかけては1,615の市区町村（全体の96.0％），2040年から2045年にかけては1,664の市区町村（全体の98.9％）で，総人口が減少します。

98.9%	**総人口が減少する市町村数と割合**			
	2010年～ 2015年	2020年～ 2025年	2030年～ 2035年	2040年～ 2045年
人口減少 市区町村数	1,367	1,537	1,615	1,664
減少割合%	81.3%	91.4%	96.0%	98.9%

資料出所：国立社会保障・人口問題研究所

◆政策の多くが失敗している

これまで国と多くの自治体が，総合計画の人口予測を増加と明記し，それを前提として，膨大な税金で数え切れないほどの様々な新政策，新制度，新手法の導入，そして新施設の整備を行ってきました。全国各地の自治体には，見栄えのする庁舎，立派な公共施設，そこで使用する新設備，新制度，新手法が満ちあふれています。

しかし，それらの諸活動の結果は，総合計画の目的である住民の増加には結びつかず，街の退行に歯止めがかかりません。組織の目的は「顧客の創造」とするマネジメントの原則と，「組織は顧客からスタートする。その顧客がいないと組織は存在し得ない」とするマーケティングの原則からすると，毎年住民を失う行政組織では，既に存在意義を失っていることになります。住む人，働く人，学ぶ人，健康な人を増やせないリーダーは，退場を覚悟しなければなりません。

3. 失敗する行政組織と成功する行政組織の違い

◆人口減の真因は何か

　この人口減といった悲劇的な「結果」は，上向きの方向に変えなければなりません。人口減の直接の「原因」は，人口増に誘導できない政策・公共サービスの不適ですが，その「真因」は，それをもたらした組織体のあり方や能力にあります。

　人口の増減は行政活動の最上位の計画である総合計画の成果指標です。よってその実現には，計画を遂行する組織全体の考え方，仕組みや方法の内容が問われます。失敗する組織には，内部の各所に下図のような旧態依然の仕組・方法・手段が横行しています。この組織体では成果不足は当然で，人口増の実現などは夢のまた夢になります。

失敗する行政組織に見られる不具合	
項　目	**内　容**
総合計画に現実性がない	地域ビジョン（基本構想）に現実性が欠けることから，政策の多くが現状維持的になる。
行政組織の目的が曖昧	行政組織の定義がなく目的達成への緊張感がない。
戦略的思考が欠落している	戦略的思考とその体質が不足していることから，ビジョン実現の政策が総花的になる。
マーケティングの不足	マーケティング志向の浸透不足から政策や言動が市民ニーズと遊離しがちになる。
政策の独自性がない	前例踏襲，画一的，真似る，そして新企画を避けることから政策に独自性がなくなる。
パートナーをマネジメントできない	外部からの提案に対して，行政側に経営やマーケティングに関する知識や経験が少ないことから，提案の善し悪しが判断できず，結局は外部任せになり，政策目的から離れる。
年功体質がある	人事制度に年功序列性が強いことから，活躍した職員を十分に評価できず前向きの活動が少なくなる。
協働力が不足する	住民減といった成果不足から信頼を失い住民の協働が得られない。

仕組①リーダーシップ　市長は真摯で市民起点です

◆数は少ないが成功している行政組織がある

　だが幸いなことに，数は少ないものの，地域の低迷と人口減少の状況に挑み，組織の本質である「住民を創造する」ことで，人口増を実現している行政組織があることも事実です。

　流山市もその一つです。「首都圏30km圏内の陸の孤島」ともいわれ，大企業も有名な観光施設もない中から創生した無名の流山市の改革内容は，地域の沈滞に悩み，将来に不安を感じている他行政組織や，そこで改革の気概を持っている人には参考になる実例です。

　環境変化の影響は隣接する自治体と同じ，その隣接する松戸市（人口48万人），柏市（人口42万人），野田市（人口15万人）との競合関係も同じ，職員も変わらないのに，「なぜ12年間（又は現時点まで）」で，ここまで成果をだせる組織に改革できたのでしょうか。

◆これが成功する組織の共通点

　成功実例や行政や企業へのコンサルティング経験からすると，組織形態を問わず，劣位の状態から，自己改革を通して，社会の安定と発展に貢献できる組織への変革の背景には，いくつかの共通点があります（下図参照）。それは，何を（WHAT）行うかではなく，それをどのように（HOW）行うかに関する事項です。

【意　志】	実現に向けた諦めない意志と覚悟
【考え方】	基本的な考え方の明瞭な提示と浸透
【目　標】	目標は客観的に考え大胆に設定
【仕　組】	ヒット策よりその仕組みを創る
【参　画】	トップ・ミドル・ボトムでの全員参画
【自　己】	尊大を避け真摯で自己規律を忘れない
【貢　献】	成果を通じて社会に貢献する志向

◆政策（WHAT）の成否を決めるのはやり方（HOW）

　同じ業界であれば，環境変化は同じですから，変化に対応して「何をやるか（WHAT）」には，それほど大きな違いはありません。企業であれば，1.新製品を提案する，2.営業力を高める，3.コスト低減力をつけるです。行政では，1.新政策を提案する，2.市民の参加と協働を促進する，3.財政基盤を強化する，になります。

　よってここで必要なのは，そのやり方（HOW）です。何をやるか決めても，それをどのようにやるかで成果は異なります。行政サービスのランキングがそれを証明します。このHOWに関する考え方や仕組みの巧拙が，組織や政策の成果に大きな影響を与えます。

　今，行政組織は例外なく，人口減少といった「大脅威」に呑み込まれない対応が求められています。しかし，行政組織の多くが，国が打ち出す画一的なWHAT（なに）ばかりに気をとられ，HOW（どのように），つまりそのWHATを，地域のニーズと自らの特徴や強みを考えて，どのように企画し，立案し，修正し，協働を得て実行し，評価・改善する仕組みの改革を疎かにしています。

　多くの行政が自己改革を怠り，旧態依然の昔の仕組み（HOW）で，新しい環境変化に新対応（WHAT）しようとすることで，かけ声は大きいものの新対応は頓挫し，組織と職員は空回りをしています。

◆選手は同じでも監督が代わると結果が異なる

　行政組織の成果不足は，予算の有無や人員不足にあるのではなく，政策課題の決定から成果の確認までを，どのような考え方と仕組み，方法で行うのかといった能力，つまり自組織を目的に向けて動かす方法論（HOW）であるマネジメントが欠如していることにあります。

　この結果，成果不足が恒久化し，毎年過去最大の予算編成をする，成果不足を自ら証明する愚行が延々と続いています。失敗が多いことから，行政内では，福祉対策，経済対策，防犯対策など，「対策」の

仕組①リーダーシップ　市長は真摯で市民起点です

名称がついた是正措置が当然視されています。

　スポーツでは，選手は同じでもマネジメントを担当する監督が代わると成果が変わります。それは試合（WHAT：総合計画）の勝敗は，試合をどのように（HOW）組み立てるかの「ゲームプラン：年度計画」，練習をどのように（HOW）行うのかの「練習プラン：行財政改革」，選手の能力をどのように（HOW）開発するのかの「人材育成プラン：人材育成計画」，つまり「HOW」にかかっていることを示します。

　井崎市長は街の衰退要因として，1つは経営力（マネジメント）に問題があるとします。もう1つが世の中にあって行政にはないとするマーケティングの欠落と指摘します。前者は組織に成果をもたらす仕組と方法（HOW）です，後者は政策に成果をもたらす仕組と方法（HOW）です。この2つHOWが不足，もしくは欠落していては，行政組織が社会に成果をもたらす「エビデンス（根拠）」がありません。成果は「宝くじ（運）」になります。組織が不要になります。

 ## HOWの最初はリーダーシップ

　人口増実現に必要なのはHOWの仕組みです。行政組織の多くが，WHATに気をとられHOWを軽視することから，その成果を最小にしています。さらにこのHOWの弱さが，WHATを決めるプロセスにも影響します。「人口増」に必要なのは，その目的を考え，計画し，実行し，結果を評価・改善するHOW（KSF）です。

　このHOWの仕組みの最初は，リーダーシップ力です。市長就任時の財政危機への対応を，市民への行政サービス削減で回避することを進言した内向きの市役所を，市民起点の成果を出せる組織に改革した市長のリーダーシップを検討します。

3-2 成果を出せるリーダーの4条件

志気高く、お互いに信じ合う百戦錬磨の組織を創ります

> **Point**
>
> どのような組織にもいえることは、危機は必ずくるということです。それは必ずです。そこにリーダーの真摯な役割があります。

◆これがリーダーの役割

　2003（平成15）年時の井崎市長と現在の多くの自治体の首長に、最も適切な助言は、以下のドラッカーの言葉です。流山市成功の軌跡は、まさにこの言葉をなぞったかのように思えるほどです。

> ●真摯なリーダーシップ●(2)
>
> 「幸か不幸か、いかなる組織にも危機はくる。必ずくる。リーダーにとって最も重要な仕事は、危機の到来を予測することである。回避するためでなく備えるためである。危機がくるまで待つことは責任の放棄である。暴風雨を予知し先手を打たなければならない。倦むことのない刷新である。
>
> 　危機の到来を防ぐことはできない。だがそれに対処すべき態勢の整った組織、志気高く、とるべき行動を知り、自信に溢れ、お互いに信じ合う百戦錬磨の組織をつくることはできる。訓練において重要なことは、将校への信頼を兵士に染みこませることである。信頼なくして戦うことはできない。

　危機対処時の名言であり、その際にリーダーに必要なリーダーシッ

仕組①リーダーシップ　市長は真摯で市民起点です

プの要素が盛り込まれています。リーダーも含めて人は不完全です。必ず間違います。よって人の協働体である組織には，危機は必ず訪れます。流山市の危機も，無計画な大型施設の建設，精査を疎かにした新線事業に伴う区画整理事業の承認，意義なき手当の加算など，間違った決定から派生したものです。

　組織とそこで働く人は，自己の過大評価を最小にし，常に備えなければなりません。座して待つことのない刷新です。それは，使命を見直し，虚言と傲慢と特権を排し，成果のあがらないものを廃棄し，常に外の世界からスタートする市民起点の組織の構築です。

◆これからのリーダー像

　2章で示した流山市の成果とその軌跡からすると，流山市の組織活動には，学ぶべきことが多くあります。その事柄のベースになったのが，1章で明らかにしたブレのない3つの経営方針と7つの仕組みで構成する「流山経営モデル」です。その中心に位置するのが「リーダーシップ」の仕組みです。資料分析，市長と各方面へのインタビュー，リーダーに関する知見を参考にして分析すると，そこには，下記のようなリーダー像が浮かびあがります。

リーダーの条件①

VISION & MISSION 変革できるリーダーは未来を描き体制を構築します

◆危機感と事実の明示による民が主の対話

　第5代流山市長の井崎氏は，市長を目指した理由を「危機感」とします。市長になる前は，地域計画・環境アセスメント関係の企業の研究者でした。仕事上，各都市の財政や行政情報をよく見ていました。すると自分が選び住んでいる流山市の財政が急速に悪化し，行政サービスに関する各種ランキングも下降していくことに気がつきます。人口も15万人前後で低迷し，流山市民の中には，自分の住所を聞かれると，隣接しているより大きい「柏市です。松戸市です。」と答える人も出てきます。「このままでは，流山市の財政も街づくりも手遅れになる。その前に立て直さなければ」との強い危機感から，市長への立候補を決意します。

　「素人選挙戦」で一度は落選したものの，再度挑戦して市長に当選します。市長就任後の改革に向けた第一歩は，関係者への事実に基づく粘り強い「危機感の醸成」です。職員には就任式で，議会には最初の所信表明で，市民には，『広報ながれやま』での「財政事情特集号」やタウンミーティングの開催などで，現実に起こっていることを包み隠さず話し質問を受け真正面に答える，「民が主」の対話型のコミュニケーションを実践し，事実に基づいた改革を進めます。

　危機感を，感情や伝聞ではない，事実を過不足なく理解した危機感にすることが，市民主体の持続的な改革意識の醸成につながります。資料の隠蔽や改ざん，恣意的な加工による事実の身勝手な操作は，関係者を誤らせ，偽りの支持率で組織と社会に混乱をもたらします。知りながら害をなす，職業倫理に反する恥ずかしい行為です。

仕組①リーダーシップ　市長は真摯で市民起点です

◆改革の先にある光景とその道程の明示

　自己改革が求められても成功の保証がない危機の改革は，市民や職員の間では「無意識の手抜きと抵抗」になります。こうした状況を，改革に向かわせる重要な要因が，絵空事ではない「挑戦的なビジョン」の明示です。「何を目指して改革するのか」といった実現すべき方向を示し，共感してもらうことが必要です。その役割を果たすのが総合計画です。

　井崎市長は，TX開業を発展の機会として活用した2005（平成17）年度の「下期5か年計画」，街のコンセプトを「都心から一番近い森のまち」とした2010年度の「後期基本計画」で，実現すべき地域のあり方を明示します。

　しかし地域ビジョンの明示だけでは希望が失望に変わります。リーダーには，それを実現するための考え方，方法，体制，進捗を評価・改善する行政経営の仕組構築が求められます。

　井崎市長は，2005年に公表した即座の自己改革をねらいにしたトップダウン型の「新行財政改革実行プラン」，2011年に公表したミドルアップ型で本格的な経営の仕組構築に挑んだ「流山市行財政経営戦略プラン」，2016年に公表した現場からの細部の改革を志向したボトムアップ型の「流山市行財政改革・改善プラン」で，構築すべき組織のミッションとそのモデル，そこに至る道程を提示します。

◆組織改革に関するリーダーの見識

　事実で危機を伝え，総合計画で実現すべき地域ビジョンを明示し，行財政改革でそれを担う行政組織の改革に挑んだ井崎市長の「ビジョンと自己改革一体型」の構想が，地域と組織に成果をもたらします。そこには，われわれは「何を目指すのか（Vision）」，そのためわれわれは「どうあるべきか（Mission）」を重視するリーダーの「組織改革」に関する確かな見識があります。リーダーの最初の条件です。

リーダーの条件②

MANAGEMENT 組織に成果をもたらすリーダーはマネジメントの達人です

◆組織とマネジメントは一対のもの

ビジョンの実現を，ミッションに基づいて挑むのが組織です。その組織を動かす方法論がマネジメントです。組織とマネジメントは一対のものです。

就任時の井崎市長は，傍観者的で業務規律に欠けた成果不足の行政組織に強い懸念を持っていました。最初の所信表明でも，「流山市行政にはびこった前例踏襲主義を払拭しなければならない。市行政において聖域を設けず，見直すべきは見直し，改めるべきは改め，伸ばすべきは伸ばす必要がある」と組織改革の必要性を強調します。

では組織はどうあるべきかです。組織は重要な役割を果たしています。私たちが住む家は建築会社が，朝起きて飲む水は水道局が，通勤で利用する電車は鉄道会社が動かしています。組織なしでは社会生活は成立しなくなっています。社会の安定と発展は，組織が適切に機能するかにかかっています。

◆組織を正しく機能させる方法がマネジメント

では，この重要な組織を適切に機能させる方法は何かです。組織は，一人では成果に結びつかないことを，他の人と協働して行うことで成果にするために発明されたものです。井崎市長は，「行政組織には市民の幸せ実現に貢献する成果が不可欠です。そのために多様な人が集まり，知恵を出し合い，福祉的・経済的な成果を効率的に実現し社会に貢献する必要があります」とします。

組織はあるだけではコストの塊ですが，効果的，効率的に機能すれ

仕組①リーダーシップ　市長は真摯で市民起点です

ば，成果を通して社会を良くし，人の幸せを実現する存在になります。では組織を正しく機能させるには何が必要でしょうか。それがマネジメント（経営）です。組織に成果をもたらす唯一の考え方，仕組，プロセス，方法がマネジメント（経営）です。

◆街のブランド形成には経営力が反映する

　組織はマネジメント（経営）なしでは，社会に貢献できる成果をあげることはできません。現在の行政組織の成果不足の大きな要因は，この経営の不足にあります。経営は，首長や幹部も含めた，組織やチームの成果に責任のある職員すべてに必要な方法論です。

　井崎市長は「街の知名度やイメージ，さらにブランド形成といった組織活動には，自治体の経営（マネジメント）力が反映する」とします。さらに，「年間多くの会社が倒産する中，増収増益の会社もあるように，自治体も経営力によって，市民サービス水準や街の発展に大きな差が生じる[3]」とし，その巧拙と結果はリーダーである市長の経営責任とします。「経営（マネジメント）とは，職員，税金，地域の資源を効果的，効率的に活用する考え方と仕組み」とします。

◆リーダーの責任とマネジメント（経営）の修得

　リーダーの役割とは，1人で何かを行うのではなく，「組織やチームを通じて仕事を行い成果を創出する」にあります。よってリーダーには，組織全体の成果に関する責任と，その責任を果たすための，組織を機能させる「マネジメント（経営）」の修得は絶対条件です。

　それは，学ぶだけではなく，社会に貢献できる成果をあげる経営の仕組みの構築とその展開の実践です。リーダーは，仕組みの構築を通して自己の経営力を高めなければなりません。そして組織に成果をもたらすマネジメント（経営）の達人でなければなりません。市長のマネジメント（経営）力が，流山市に健全な成果をもたらしています。

リーダーの条件③

LEADERSHIP 協働を手にするリーダーはリーダーシップの前提を真摯さに

◆社会を変えるリーダーの要件は「範」

　リーダーの役割を担う人には，リーダーシップが必要です。それは，特別の人だけがもつ特殊な能力ではありません。先頭を走ることでも，いつも陽のあたる目立つ席に座ることでも，地位でもありません。権力や指示命令で人を動かすリーダーは並以下です。

　リーダーシップとは，リーダーの役割を担った人が，組織を動かすマネジメントを活用する際に，リーダーの役割を果たすための持つべき考え方，身につけるべき方法です。

　人や社会を変える存在である行政組織のリーダーとして，何を理解し身につけるかです。「何をやるか（WHAT）」「どのように行うか（HOW）」と同様に「誰が語るか（WHO）」も重要です。

　そこで持つべき考え方とは，リーダーシップは「範」であることです。これなきリーダーは，権力とお金で人を動かそうとし，人の能力発揮を妨げ組織を沈滞させます。こうして人と社会への健全な影響力を失います。他の人はさておき，リーダーだけは組織を代表する存在であり，あるべき社会を象徴する存在です。

◆知りながら害をなさない真摯さはリーダー唯一の資質

　「範」となるリーダーに必携とされるものが，ドラッカーがリーダー唯一の資質とする「真摯さ」です。後はすべて学び実践できるとします。真摯さとは「自分の内なるものを起点とした見返りを求めない清廉で誠実な一貫した姿勢と行動[4]」といった内容です。

　この真摯さの一つに「知りながら害をなすな」がありますが，最近

仕組①リーダーシップ　市長は真摯で市民起点です

の行政や企業の言動には，資料があるのに無いとする，データの改ざんを知っていながら正しいとする，真逆の行為が頻発しています。行政組織のリーダーは，住民から「知りながら害をなすことはない」「最善を尽くすもの」と信じてもらえなければなりません。この信頼なくして，意義ある住民の支持と協働の確保は期待できません。それは行政組織の成果不足を通じて，健全な社会の成立を不確かなものにします。大罪です。

◆流山市政への信頼度は75％を超える（P.147参照）
　流山市の市政に対する信頼度は，最新の調査では75％を超えています。この背景には，市民から誠実と評価されるリーダーの言動と市政の街づくりでの成果に加えて，市の情報公開に見られる，組織として知っている事柄を開示するフェアでオープンな取組みがあります。
　井崎市長は，「市政の課題や問題については，市民と情報を共有し，その解決への対応を，市民と共に知恵を出し合う行政が，地方自治体のあるべき姿である。それには，税金で得たデータや税金の使われ方に関する情報が，納税者に分かりやすく，しかも行政にとって良い情報も悪い情報も提供されるレベルでなければならない。情報公開制度を改善し，市民に分かりやすい行政運営を実現することは，市が市民から支持され，信頼されるために極めて重要である」と宣言します。
　流山市の情報公開は徹底しています。市政に関する情報の殆どが市のHPから入手可能です。この活動は「全国情報公開度ランキング」の，3年間（2009～）連続して全国1位の評価に結びつきます。
　流山市では，市民から，公務員と行政組織は知りながら害はなさないと信頼されることで，市長と職員の市民に対するリーダーシップが機能し，地域社会の安定と発展に結びついています。リーダーシップとは，他人への力ではありません。「範」となる言動で人に働いてもらうことです。流山市のリーダー層には，その言動があります。

リーダーの条件④

MARKETING 市民起点のリーダーはマーケティングの威力を理解します

◆市民の評価とマーケティングの役割

　井崎市長は，「行政組織の仕事は，税金を使うことではなく市民サービスの提供です。流山市が市民に提供する行政サービスが，市民に便利で役に立つサービスとして提供されているかどうかは，流山市行政の存在理由の根幹の問題です」と強調します。

　市政の意義とは，予算の規模や有無，職員数の多寡ではなく，提案する行政サービスが市民から役に立つと評価され，市民生活の向上に貢献することです。税収はその後からついてきます。

　政策・公共サービスの本質は高低ではありません。目的に合致しているかです。その目的とは組織の外にいる市民が評価することです。その市民の評価の多くは，行政への部分的な接触での評価から，行政全体を評価します。行政はこの評価に対応しなければなりません。

　それは，自部署の政策が適切でも，他部署の政策が不適切であれば，受付の対応が悪ければ，職員の不祥事があれば，自部署の政策の評価は下がるということです。ここに職員全員が常に市民の視点で活動しなければならない理由があり，井崎市長が，一部職員の抵抗にあいながらも，市に導入したマーケティングの大きな役割があります。

◆マーケティングとトップの理解

　当時人口15万人の無名の流山市にとって，JRの3線，地下鉄の2線との乗換駅である秋葉原につながるTXの開業は，人口増が期待できる「大きな機会」でした。同時に沿線の自治体との住民争奪戦に打ち負かされる「脅威」でもありました。時が止まったかのように停滞

仕組①リーダーシップ　市長は真摯で市民起点です

していた流山市には，機会を活用し脅威を最小にする生き残りをかけ
たマーケティング戦略が不可欠でした。

　その時，米国の仕事で，多くの自治体が当然のようにマーケティン
グに取り組んでいた実例をみていた井崎氏が流山に住んでいたこと
は，地域にとって幸運でした。

　井崎市長は，「組織を維持・発展させるには『誰のために何をする
か』を明確にする必要がある。行政はこのマーケティングの視点に欠
けている」とし，市民ニーズに応えるマーケティングは仕事の基本で
あると看破します。そして，「誰に」「何を」「どのように」するか考
え実践することがマーケティングと簡潔に表現します。

◆マーケティングの父であるコトラーの警鐘

　マーケティングの父であるコトラーは，マーケティングは経営トッ
プに始まるとし，「(経営トップが) マーケティングによって製品や組
織を変えることができることを認識していない。違いを打ち出せるは
ずなのに，そのことが分かっていない[5]」「経営トップが顧客志向の
必要性を確信していないとしたら，社員がマーケティング・アイデア
を受け入れ，実践することなど，どうしてできようか[6]」と，経営
トップのマーケティングに対する認識不足による弊害を指摘します。

　行政組織は税金で市民に「何か」を提案し，市民の支持を得て始め
て存在できます。その何かを具現化する考え方と仕組みがマーケティ
ングです。この仕組み作りと浸透はトップの仕事です。

◆2Mが大切（Management & Marketing）

　組織が政策で成果をあげるには，先のマネジメント（経営）と今回
のマーケティングが必要です。政策に成果をもたらすのがマーケティ
ング（Marketing）です。その成果を積み上げ組み合わせて組織の成
果にするのがマネジメント（Management）です。2つのMです。

井崎市長は,「街は経営力によって伸び発展する可能性がある」という基本姿勢のもと,「自治体経営の視点でマーケティング戦略を推進し,流山の長寿社会を支えて頂くことにもなる子育て世代の方々から選ばれ,支持される流山市を構築するために,最善の努力をする」とします。行政組織で働く首長と職員には2M,マネジメント＆マーケティングは意思決定,政策形成,現場で駆使する必修科目です。

重要成功要因 リーダーとは4条件で役割を果たす普通の人　KSF

「人口増」に貢献する経営の仕組みの最初はリーダーのあり方です。本章でそのリーダーの条件として,ビジョン＆ミッション,マネジメント,リーダーシップ,マーケティングの4つを明らかにしてきました。

ビジョンで地域の実現すべき姿を明示します。ミッションを表明し組織を編成します。その組織を目的に向けて機能させるのがマネジメントです。組織は人の協働体です。人々の活動を成果に向けてまとめる役割が必要になります。それがリーダーの役割で,「範となるリーダーシップ」でその役割を果たします。この組織に成果をもたらす直接の機能がマーケティングです。市民ニーズを把握し組織能力で市民価値に変換します。

この4つの理解と習得は,地域ビジョンを掲げ,それを具体化する地域のリーダーにとって基礎的なことです。行政組織のリーダーとは,主権者から委任された役割を4条件を駆使してなし遂げる真摯な普通の人です（KSF）。人口増で総称される流山市の飛躍は,その普通の人を,市民がリーダーとして発掘したことにあります。

次の流山市に「人口増」をもたらしている2番目の仕組みは,未来を明示しそれを実現する経営の仕組みであるビジョン＆ミッションの仕組みです。

仕組①リーダーシップ　市長は真摯で市民起点です

こうして流山市は人口増を実現している

第4章

仕組み②ビジョン&ミッション

未来を明示し
それを実現する仕組み
があります

2番目の経営の仕組みは, ビジョン&ミッションの仕組みです。流山市には, 総合計画（ビジョン）を政策のエビデンス, 行財政改革（ミッション）を行政経営のエビデンスとする経営的な知見があります。

③市民ニーズの理解と信頼

①真摯な リーダーシップ	⑤市民起点の 政策マーケティング	
②ビジョン& ミッション	④全庁と各部の 経営（マネジメント）	⑦市民との 協働と共創

⑥組織と職員の能力開発

（―流山市に人口増をもたらした7つの経営の仕組み―）

4-1 地域ビジョンを創造する／総合計画

機会と強みから
『都心から一番近い森のまち』に

Point

実現すべき未来が夢物語では期待が失望に変わります。必要なのは挑むに値する地域価値を創造する明瞭で挑戦的なビジョンです。

1. 下期5か年計画（2005（平成17）年度〜2009年度）

◆総合計画の実効面での改革

流山市民が期待する地域価値の創造は，市民ニーズに基づいて策定した地域ビジョンである「流山市総合計画（2000年度〜2019年度）」が担当します。

ただこの総合計画は，他自治体の総合計画でもよく見られる，体裁は立派なものの，地域ビジョンの具現性とその実現に関する計画内容が総花的で，実現に向けた本気度が欠けていると指摘されていました。

そこで2003年に市長に就任した井崎市長は，市長就任の2年後に公表した「下期5か年計画」と，2010年に公表した「後期基本計画」で，この総合計画の「実効面」での改革に取り組みます。

資料出所：流山市

仕組み②ビジョン＆ミッション　未来を明示しそれを実現する仕組みがあります

◆総合計画：下期５か年計画の位置づけと概要

　2005年４月からスタートしたこの計画は，市長と職員が，前期基本計画で定めた施策の展開を具体的に行う際の，行政活動の指針と施策内容の体系とその概要を明示したビジョンです。

　井崎市長は，「市内は敷地にゆとりのある住宅が多く，公園や緑地など緑の資源が豊富にある。この資源を活用すれば市発展の大きな強みになる。TX開業の機会と都市間競争激化の脅威の中で，無名の流山市が優位に立つには，①この「緑」を活かした良質な街づくり，②シビックプライドの持てる街づくり，③流山市を第一に選ぶ選択市民を増やす街づくりが必要」と考えていました。

　ただ，その政策実行を担う下期５か年計画の施策の体系と概要は，既に計画策定時の2000年に決められており，再策定しない限り大きな変更はできません。財政危機からの早期脱却を目指す井崎市長には，数年かけて新総合計画を策定する選択肢はなく，既存の計画体系への反映になります。その下期５か年計画の概要を，SWOT分析[1]を活用してまとめると次ページ図のようになります。

◆6つの重点プロジェクトと10本の重点施策で方向明示

　施策内容は，自然環境や文化・歴史を活かした街づくりのために，環境・健康・教育・安心安全を重視した取組みを展開します。このため，横断的に取り組む6つの重点プロジェクトを設定します。

　さらに上期５か年計画の行政評価と市民意識調査の結果などを踏まえ，施策の体系図で表した36本の施策のうち10本の施策を重点施策と位置付け，「事業の選択と資源の集中」を徹底し向かうべき方向を明確にします。重点主義の徹底です。

　その重点施策には，後で街の景観を際立たせるグリーンチェーン戦略推進事業，ヒット事業になる駅前送迎保育ステーション事業，小学校英語活動推進事業などが選定されます。井崎カラーの表出です。

下期5か年計画の概要

SWOT分析

	O (機会)	T (脅威)
	・TXの開業による利便性の向上 ・共働き世帯の増加	・都市間競争の開始 ・ニーズの多様化 ・少子高齢化
S (強み) / W (弱み)	・恵まれた自然環境 ・文化と歴史 ・都心と比べて安い地価	・安心安全の課題 ・健康に関する課題 ・厳しい財政

- **目標**：市民満足度の高い流山市への転換
- **方針**：事業の選択と資源の集中
- **施策**：自然環境や文化・歴史を活かした環境・健康・教育・安心安全を重視した取組み
- **重点**：6つの重点プロジェクトによる全政策の方向づけ ／ 10の重点施策による政策の選択
- **成果**：現市民と現企業：住み続けたい／新市民と新企業：選択してもらう

【機会】TXの開業により都心までの移動時間が，20〜26分と短縮され交通の利便性が高まる。共働き世帯が増加している。
【脅威】都市間競争の幕開けで競争力が重要になる。
【強み】豊かな緑や江戸川，利根運河の水辺など自然環境がある。
【課題】ニーズの多様化や少子高齢化，そして安心安全・健康などの課題への早急な対応が必要になる。
【目標】「市民満足度の高い流山市への転換」とする。
【方針】事業の選択と資源の集中を徹底する。
【構想】環境・健康・教育・安心安全を重視した取組みを効率的で計画的な行財政運営の下で事業を厳選して行う。
【成果】現市民・企業からは住み続けたいを，新市民・企業からは住みたい，選択したいの評価を得る。

仕組み②ビジョン&ミッション　未来を明示しそれを実現する仕組みがあります

◆トップダウンの重点志向の策定方法

【廃棄の徹底】この下期5か年計画では，それまでの各事業担当部局からの積みあげ方式に代え，行政評価システムを導入します。これで優先度評価を実施しながら，スクラップ・アンド・ビルドを基本に事業の見直しと精査を行い，施策別の事業の集約を行います。

【横断的取組み強化】策定体制は，庁議，政策調整会議を有効に活用し，施策主管部課長会議で施策毎の横の連携を密にします。

【トップ主導】これらの結果を踏まえ市長・副市長ヒアリングを実施し，新方向の取り込み確認，内容によっては事業計画の見直しを行い方向との整合性を高めました。

井崎市長は，準備期間が限られた計画であったが，改革の方向は示せたとします。それは事業の見直しの徹底と全施策の横断的な取組方向を示す6本の重点プロジェクト，その具体化の中核となる10本の重点施策を組み込めたことです。これを下期5か年計画に明記することで「改革への舵を切ったこと」が示せ，これ以降の政策決定や策定の「根拠」になったとします。制約の中での実践的な改革姿勢です。

続けて市長は，試行錯誤が伴う改革や新計画には，情報の少ない立案時点の詳細な計画作成より，時代変化の潮流を注意深く洞察したビジョン，方針，重点方向といった指針が重要とします。試行し情報量が多くなった時点で，計画を立案することが有効とします。

その言葉を裏付ける，事業の概要を記載した2章の各論を除くと9ページしかないシンプルな下期5か年計画書は，下記の成果をもたらします。

①2003年度と2008年度比較で市民の定住意識を75.0％→79.4％と4.4ポイントも引きあげる。

②2005年度と2009年度比較で人口が7,516人増加する。

③主要事業であるグリーンチェーン事業，駅前送迎保育ステーション事業の開始。経営革新度全国8位といった外部評価を得る。

2. 後期基本計画（2010（平成22）年度～2019年度）

◆流山らしさの追求を徹底する

　2010年3月に，総合計画の後半10年間の流山市の経営方針である「流山市総合計画後期基本計画」を公表します。この計画は，井崎市長の2期目の最後の年（8年目）に公表された計画です。

　前年の2009年4月に「自治基本条例」を施行していることから，自治基本条例に定められている計画策定の根拠や目指すべき事項を考慮した，条例に基づいた総合計画になります。

　市長はこの後期基本計画の冒頭で，「最近，『流山市に住んでいて良かった』『流山市に住んでみたい』と考える方々が増えています」と，これまでの市政の成果を確認します。

　『広報ながれやま』では，「この計画の中心テーマである人にも自然にも優しいまち『都心から一番近い森のまち』の実現に向けて，末永く快適な街とするための様々な布石を打ち，流山の可能性をより一層，引き出す街づくりを推進します」とします。

資料出所：流山市

　こうして，「流山らしさ，流山でなければ醸しえない特徴，あるいは流山に来ていただかなければ味わっていただけないような良さを，今後醸成するような政策の策定と実施」（企画財政部長）を内容とした，地域の特徴，独自性，来街性を盛り込んだ後期基本計画が策定されました。

仕組み②ビジョン&ミッション　未来を明示しそれを実現する仕組みがあります

◆後期基本計画策定の３つの特徴

（1）特徴１：市民と職員の協働型共創体制で取り組む

後期基本計画には３つの特徴があります。１つめの特徴は，「市民と職員の協働型の共創体制」で取り組んだことです。井崎市長は「示達」で，市民参加はもちろんのこと全職員が作成に関与すべきとし，市民と全職員の発想と英知を結集する協働共創型の策定体制を構築します。その策定ポイントは下記のようになります（P.103図参照）。

【評価する】前期評価と課題の抽出

・前期計画を行政評価システムと市民意識調査（2008年7月実施）を活用して評価・総括し，課題を明らかにする。

【調査する】多様な市民ニーズの反映

・計画の策定では，市民意識調査，NPOアンケートと意見交換，中学生アンケート調査などで幅広い市民参加を取り入れる。

・アンケートの自由記載を重視する。

【立案する】市民と職員の協働による共創

・政策を満足度と重要度（要望度）から評価する。

・重点施策マトリックスを活用する。

・職員全員参画の体制をとる。

・まちづくりの基本方針を設定する。

・選択と集中の観点から事業を厳選する。

・施策には目標指標を設定する。

・市民が評価したマニフェスト内容を反映する。

【参加する】万全の庁内体制

・企画財政部が所管し，庁議や各部局での議論を通じて多くの職員が計画づくりに参画して策定。庁内の策定体制では，全職員がこの作業にあたるものとし，策定会議（政策調整会議），連絡会（市長，副市長，教育長，水道事業管理者，企画財政部長，総務部長），策定部会（施策主管課長会議），策定分科会（課長補佐，

係長など),正副会長会議(各策定部会,策定分科会),企画財政部会(秘書広報課,企画政策課,行政改革推進課,財務課)を編成し,全員参画を志向する。

【検証する】正しい予測と財源の確認
・将来人口推計を見直し下方修正を行う。
・実現可能な財源の裏付けのある計画にする。
・タウンミーティング(通常,テーマフリー,事前申込なし。年1回子育てタウンミーティング),パブリックコメントを実施する。
・行財政審議会の答申を活用する。

【確認する】関係者との協働
・議会の同意を得る。

　入手できるエビデンスを確認しながら地域のニーズと市民の知恵,組織内の専門知識を活用し,「選択と集中の観点」から事業を厳選した,「実現可能」な「財源の裏付け」のある計画策定の取組体制です。
　これにより,環境変化の中で,多様化,複雑化,高度化する市民ニーズに的確に対応する効率的で効果的な自治体経営を推進し,市民と共に流山市の明るい未来を築くとします。

(2) 特徴2:将来の都市像を「都心から一番近い森のまち」に
　2つめの特徴は,この計画で注目すべきことは,流山市が目指す将来の都市像を「都心から一番近い森のまち」(下図参照)としたこと

資料出所:流山市

仕組み②ビジョン&ミッション　未来を明示しそれを実現する仕組みがあります

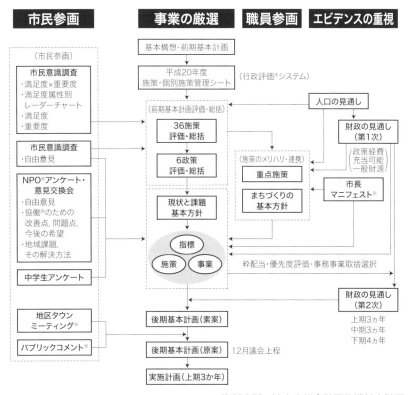

資料出所：流山市総合計画後期基本計画

です。自治体の総合計画によく使用される「緑」「水」「空」といった無難だが特徴に欠けるものではなく、ビルが立ち並ぶ都心で生活する訴求対象を意識した、より街の特色が表現できる、開発で失われた緑の回復も含めたフレーズへの変更です。

井崎市長は「このフレーズで、どんなまちにするかといったビジョンを言葉にした。流山市を唯一無二の、緑豊かな健康的で文化的な都心から一番近い森のまちにする。『森』の言葉に良質な環境、健康、文化、教育をこめた」とします。このフレーズは後に、流山市の広告のメッセージに使用され、市の認知度向上に大きく貢献します。

(3) 特徴3：まちづくりの基本方針と重点施策で重点化の推進

3つめの特徴は「まちづくりの基本方針」と「重点施策」で施策の取組み方向を明確にしたことです。「都心から一番近い森のまち」の実現のために，前期基本計画の下期5か年計画における「6つの重点プロジェクト」を評価・総括した結果を踏まえて，横断的な「5つのまちづくり基本方針」を定め，計画の重点方向を鮮明にし，市民自治，市民協働のもとに政策を推進します（下図参照）。

この5つのまちづくり基本方針は，後期基本計画の各施策別計画の基本方針と個別施策内容に反映します。基本方針の進捗度合は，毎年実施する「まちづくり達成度アンケート結果」で把握することから重要なマネジメント指針になります。

施策の重点化として，基本構想に定める6つの政策（施策の大綱と施策の推進方策）を構成する36本の施策のうち，13本の施策を重点施策に位置づけます。これは，後期基本計画期間中に，特に目的実現

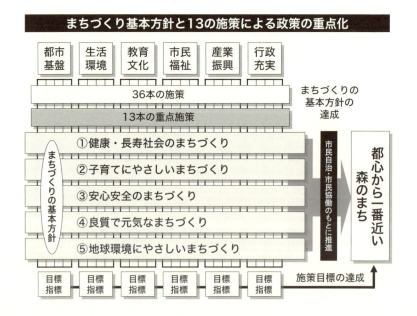

仕組み②ビジョン&ミッション　未来を明示しそれを実現する仕組みがあります

に向けて全体を引っ張る役割をもつ重点施策です。

　重点施策の選定は，前期基本計画における重点施策としての位置づけの有無や市民の意見，市長マニフェストでの位置づけなどを踏まえています。こうして5つのまちづくり基本方針に方向づけられ，重点施策に集中した後期基本計画が完成します。この計画は，2010年度と2018年度（計画途中）比較で，25,994人の人口増をもたらします。

総合計画（ビジョン）と行財政改革（ミッション）の関連

　「下期5か年計画」と「後期基本計画」は，既成の計画を方針と重点施策で「都心から一番近い森のまち」に向けて政策の重点方向を変更した「選択と集中」のビジョン計画です（KSF）。一度決めたら成果の有無に関係なく最後まで予算を使い切るといった無責任な計画遂行ではありません。「廃止と創設」を原則として，必要性がない，成果のあがらない事業は廃止する，必要な事業は創設するといった変化する市民ニーズに即した計画です。

　このような市民起点で重点的かつ機動的な計画には，それを具体化できる新体制が必要です。それは，変化する市民ニーズを把握し，それを内外の限られた資源を活用して独自の市民価値に変換できる職員がいる，市民起点で使命を重視する組織です。

　組織の業績（ビジョン：総合計画）と組織の能力（ミッション：行財政改革）は一致すると考える井崎市長は，基本計画の策定と並行して3つの行財政改革でこの仕組み構築に挑みました（KSF）。

　流山市に「人口増」をもたらした2番目の経営の仕組みであるビジョン&ミッションは，前半はこれまで説明した地域ビジョンを明示する仕組みであり，後半はそれを実現するミッションを有する体制を構築する仕組みです。次はその後半を明らかにします。

4-2　地域ビジョンを具体化する仕組の構築／行財政改革

全員経営　トップダウン　ミドルアップ　ボトムアップ

> **Point**
>
> ビジョンを示すだけでは成果にはなりません。掲げたビジョンを実現するための経営の仕組みの構築もリーダーの重要な役割です。

1. 地域ビジョンを担う行政組織の要件

◆経営の仕組に必要な4つの要素

　リーダーの役割には，先に設定した地域ビジョンを，組織の使命に基づき，効果的，効率的に具体化するための仕組みの構築があります。マネジメントの父であるドラッカーは「公的機関が成果をあげる上で必要とするものは偉大な人物ではない。仕組みである[2]」とします。

　どのような仕組みを構築するかによって，地域ビジョンの実現度は異なります。現在のように，多様，複雑化する市民ニーズと都市間競合の激化のなかで，市民起点の行政を実現するには，構築する仕組みに，戦略を考える際の4Cの視点が必要です。

　1番目は，市民の視点から，市民が評価し受容する価値を創造できる仕組みであるかです。これなしでは組織の存在はありません。

　2番目は，競合（競争）の視点から，他と比較しても意義あると評価される

仕組み②ビジョン&ミッション　未来を明示しそれを実現する仕組みがあります

価値を創造できる仕組みで実行できるかです。独自性の発揮です。これなしでは地域間競合（競争）で遅れをとります。

3番目は，協働の視点から，地域を熟知し多様な知識をもつ市民と関係者の協働が得られる仕組みであるかです。地域での共創です。

4番目は，組織の視点から，その創造した価値を方針設定から評価・改善の仕組みで具体化できるかです。組織の自己改革力です。

◆総合計画の成否は行財政改革にある

行政でこの仕組み構築の役割を果たすのが行財政改革です。流山市では，行財政改革を，基本計画に位置付けされた事業を推進するためのツールと明記しています。

この認識が重要です。総合計画で政策体系を決めても，それだけで何かが変わるわけではありません。メニューを作成しただけです。決定した計画を目的にそって実現する機能が組織に必要です。行政組織の多くが，総合計画の策定には多大な労力を使いますが，その実現を担う自分たちの改革である行財政改革にはその半分もかけません。リーダー層のキャリアからくる経営に関する理解不足，縦割り組織，職員の自己改革嫌いの体質が現れます。是正が必要です。

井崎市長は，下記の3つの行財政改革を重視します。市長に就任した2003（平成15）年の10月に，「行財政改革審議会」を設置し，体系的な諮問と意義ある答申，多くの注文を受けることになります。

2. 新行財政改革実行プラン（2005年度〜2009年度）

◆宣言（市民満足度を高め，都市間競争をリードする）と実行

市民生活の向上に貢献できる政策・公共サービスの提案には，それを担う行政組織自体を改革する行政改革が不可欠です。井崎市長が就任当時経験した，市役所に関する様々な課題とそこから発露した改革意識は，行財政改革で錬られ洗練され，下記のような宣言になります。

市長に就任した3年目の2005（平成17）年3月に，流山市行財政改革実行宣言と副題のついた「新行財政改革実行プラン（平成17〜21年度）」を公表します。その結果はまさに流山市の行財政の基盤を構築することになります。

> 「流山市は，平成17年度から平成21年度の5か年間で，徹底した行財政改革を実行することにより，市民満足度を高め，都市間競争をリードするための行財政の基盤を構築します」
>
> 流山市行財政改革実行宣言

◆新行財政改革実行プランの特徴

流山市は，この計画で，多様化する行政需要に的確に対応していくため，成果主義・顧客志向・競争原理などの民間経営の発想も取り入れ，サービスの量的・質的な向上を目指します。改革書の内容には，下記のような民間経営の考え方や手法の活用が随所にみられます。

・本文に市民満足度，ブランド，自治体経営，都市間競争といったマーケティング，マネジメント用語が多く使用されている。
・「機会と脅威」，「強みと弱み」といった戦略的思考がある。
・計画内容に市民満足度を高める，歳入増加，歳出節減といった成果主義が明確になっている。

仕組み②ビジョン＆ミッション　未来を明示しそれを実現する仕組みがあります

(1) SWOT的な政策課題の決定（下図参照）

この計画は，外部環境の「機会と脅威」，内部環境の「強みと弱み」を活用して課題解決方向を考える戦略的思考に基づいたものです。

外部環境の視点から，機会として「幸い本市は，TXの開業という，本市の可能性を最大限に引き出すための機会がある」とします。脅威は「本市の高齢化率はさらに進行し，財政状況に大きな影響を及ぼす」とします。

内部環境の視点から，「これまで本市は，歳入規模が減少しているにもかかわらず，全国や近隣市との横並びを重視した行財政運営を進めてきたため，財政状況は非常に厳しい状況である」と内省し，取り組むべき課題を明らかにします。

競合の視点からは，「この機会は，沿線自治体も同じで，2005年度をスタートラインとし，沿線自治体における都市間競争は本番を迎える」と認識します。

そこから，「これを契機として（機会と強みの活用），財政規律の乏しい，横並び体質を是正する徹底した行財政改革を断行すれば（弱みの是正），「新たな流山へと転換することが可能」と構想します。

この改革で，下期5か年計画の「市民満足度の高い流山市への転換」の実現を目指します（P.98図参照）。「効率的で市民満足度の高い行財政運営」を確立し，市民や企業に，今後も本市に住みつづけたいと実感していただくとともに，新たな生活の拠点・活動の拠点として本市を選択していただくことを目標とします。

(2) 仕組みと成果に関する目標の設定
　この新行財政改革実行プランの主眼は，総合計画下期5か年計画の6つの重点プロジェクトを推進する行政組織の改革です。「目標：効率的で市民満足度の高い行財政運営」を確立するため，実現すべき8つの重点実施目標を設定します（下図参照）。
　この目標は，井崎市長の「この計画で行財政の基盤を構築する」とした方針が盛り込まれた内容です。行財政改革の原点を「財政力を見極め，市民の英知を最大限に活かし，小さな組織で市民満足度の高い行政サービスを提供できる」とする仕組みの構築です。
　最初の（1）行政改革の推進で（下図参照），市民満足を中心におく経営の仕組構築を目標にします。その経営の仕組みの概要は，②市民参画が実現する，④庁内分権が進展した，①行政評価システムを中心としたマネジメントが機能する，③スリムでフラットな組織の構築

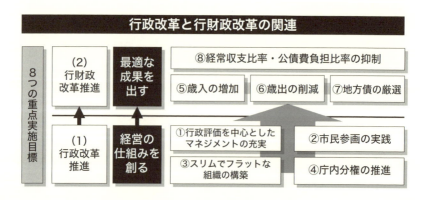

仕組み②ビジョン&ミッション　未来を明示しそれを実現する仕組みがあります

です。この経営の仕組みは，組織に財政的な成果をもたらすものでなければなりません。

　後の（2）行財政改革の推進がその成果を手にします。内容は，改革した経営の仕組みから提案される政策・公共サービスによる「⑤歳入の増加」，人件費の適正化や事業の統廃合での「⑥歳出の削減」，そして財政規律の厳格化による「⑦地方債の厳選」と「⑧経常収支比率・公債費負担比率の抑制」による財政効率の向上です。

　（1）と（2）はシンプルですが，意義ある経営の仕組みを創る（原因：HOW）と最適な成果（結果：WHAT）を手にすることの両立です。組織に成果をもたらすには，このような「経営の仕組み」と「成果の産出」の組合せが不可欠です。ドラッカーは，「成果がなければ大義は続けられない[3]」として，組織に成果をもたらす仕組みとしてのマネジメント（経営）を発明しています。流山市にはこの考え方があります。流山市の成功の大きな要因です。

◆経営モデルを示す６つの改革方針

　仕組みの構築からすると，実行プラン（具体的な改革内容）に明記された「6つの改革方針」も重要です（次ページ図参照）。この実行プランは，6つの改革方針の基に，72の改革項目とその1項目である「行政評価システムを活用した事務事業の見直し」により，流山市が実施している全ての事務事業の改革・改善に取り組む内容です。

　この6つの改革方針は，結果（成果）と原因（仕組）を前提にした方針です。市民増や税収増の成果は結果です。その原因は経営の仕組みとそこでの活動になります。結果の高低は原因の巧拙にあります。

　成果不足の組織は，組織目的が形式的で浸透もしていません。自己改革を嫌い，行財政改革は他組織の成功事例の導入で終始します。しかし使いこなせないことから次々と問題が発生します。結果は悲惨なものになりますが，この是正策も成功事例の導入で済ませます。

ここに自己を改革の対象とする行政改革の重要性があり，流山市の改革にはこの「仕組み」作りの意図が明確であり，この仕組みの改革と充実が，現在の人口増といった「成果」に結びついています。

市長は「行財政改革は，単なる削減を目指すのではなく，市民満足度を高めることを目標に6つの改革方針に沿って，行政改革と財政改革の推進を図り，効率的で市民満足度の高い小さな市役所を目指す」とします。まさに流山市の「経営モデルの構成要素」です。

◆仕組みの構築と審議会からの高い評価

原因になる「経営の仕組みを創る」とする観点から，「方針1：市民の力を活かします」で市民協働を，「方針6：サービスを向上させます」で市民接点の価値向上を，「方針4：市民に役立つ職員を育てます」で能力開発の要素を経営の仕組みに取り入れます。

結果になる「最適な成果を出す」とする観点から，「方針5：スリムな組織を目指します」で少数精鋭の組織に，「方針3：行政運営の効率性を高めます」で経営効率の向上を，「方針2：財政の健全化を目指します」でバランスのとれた財政成果実現のための経営の仕組みを構築します。

それは「民間経営の発想も取り入れ，サービスの量的・質的な向上を目指すとともに，行政の守備範囲を見直し，市民と市が一体となっ

効率的で市民満足度の高い行財政運営のモデル

	原因：経営の仕組みを創る	結果：最適な成果を出す	
能力	方針4：市民に役立つ職員を育てます	方針2：財政の健全化を目指します	成果
価値	方針6：サービスを向上させます	方針3：行政運営の効率性を高めます	経営
協働	方針1：市民の力を活かします	方針5：スリムな組織を目指します	組織

仕組み②ビジョン&ミッション　未来を明示しそれを実現する仕組みがあります

て英知と力を結集させる最適な経営の仕組み」の構築です。新行財政改革実行プランの目標である「効率的で市民満足度の高い行財政運営」を実現します。

　行財政改革審議会は，平成22年1月に「新行財政改革実行プランにおける各改革項目は，平成17年から平成21年までの5年間で，概ね着実に実践されており，実施経過，結果ともに高く評価したい」，そして「今後は，それぞれの課，職員全体が自発的に改革に取り組めるような仕組みづくりと意識改革を図るべき」と答申します。

◆政策（WHAT）と仕組み（HOW）に関する認識

　流山市では，後期基本計画やその実施計画，また予算編成方針は，主に政策・施策・事業単位での戦略（WHAT）であるのに対し，行財政改革は，組織や仕組みの構築や改善を視点においた戦略（HOW）として，政策・施策・事業単位の戦略を補完するものであると認識しています。この認識が大切です。

　組織成果の総和は，組織能力発揮の総和に等しくなります。自己の能力を高めようとしない自己改革なき行政組織では，社会から認められる成果を手にすることはありません。真摯さなき言動と税金の浪費，人口減だけが続きます。

　市長は平成21年第1回定例会において，「私は，高まる市民要望に応えていくために，『行政効果』を常に念頭に置き，『選択と集中』を図り，本市の持つ経営資源を効果的に組み合わせ，最小の経費で最大の成果が得られるよう，1,050名余の職員の先頭に立ち，都市経営を進めていきたいと考えております」と報告します。成果と経営の仕組みの関連を理解した内容です。

3. 流山市行財政経営戦略プラン（2011年度〜2015年度）

◆トップダウンからミドルアップへ

　これまでの流山市の行財政改革は，行財政改革実施本部が，改革項目と担当部課を設定した上で実施してきました。2011（平成23）年度からは，各部局長が管理職（＝行政の経営者）としての自覚とリーダーシップを発揮して，部局内の各課，全職員の意識改革を図り，同時に改革の実践をマネジメントする仕組みの変革を伴った，ミドルアップ型の経営へ移行します。

　これは，行財政改革は，業務に従事する全ての職員が，財政を意識して日常業務で取り組むべきと考えたことにあります。その意識改革と改革実践の根幹として「流山市行財政経営戦略プラン」を策定します。

◆「行政運営」から「自治体経営」への転換を掲げる

　「流山市行財政経営戦略プラン」は，自立し独自性の高い行政主体としての役割を果たすための自己改革の計画です。計画では，「行政運営」から「自治体経営」への転換を掲げます。ここから従来からの行政の守備範囲や事業の見直しを行い，最適なサービスを迅速に提供できる行政への改革を進め，持続可能な行政経営を目指します。

　そのためには，全庁経営と関連して，低コスト体質を維持しながら，各部局が主体となって計画実施に必要な「人」や「金」といった資源の効果的な活用を行います。それは限られた資源を活かして事業を行う民間的な経営であるとし，次の3つの経営的視点（経営理念）を取り入れた「行財政経営戦略プラン」を策定し，その実現に向けて取り組みます（右図参照）。経営の仕組み作りが本格化します。

仕組み②ビジョン＆ミッション　未来を明示しそれを実現する仕組みがあります

運営から経営への転換を図る流山市行財政経営戦略プランの体系

目標	スリムな組織で市民に満足していただける 行財政経営を目指す戦略プラン

経営理念	成果を重視した スピード感ある経営	良質なサービスを 提供する経営	市民と 協働して行う経営

戦略の柱	財政健全性と効率を 追求する経営	市民参加・参画による 行政経営	職員のスキルアップ と意識改革

取組視点	1 自主財源の確保の強化 2 効率的行政組織の構築 3 健全な財政運営の維持 4 市有財産の維持と活用 　の適正化 5 庁内分権の推進	1 情報の共有 2 市民と協働による 　まちづくりの推進 3 市民活力の有効活用	1 職員のスキルアップ 2 職員の意識改革 経営の仕組み作りが 本格化する

◆経営理念を策定する

　計画では，「スリムな組織で市民に満足していただける行財政経営」を目指すためとして，次の3項目の経営理念が登場します。

　【成果】成果を重視したスピード感ある経営

　将来の増大する行政需要に対応するには，効率的，有効的な行政資源の活用が必要になるとし，スピード・コスト・成果を重視します。

　【価値】良質なサービスを提供する経営

　質量の増加と多様になる市民ニーズへの対応，都市間競争を勝ち抜くための差別化の必要性から，新たな視点から良質でかつきめ細やかな行政サービスの提供を目指し，更に魅力あるまちづくりを進めます。

　【協働】市民と協働して行う経営

　行政主導のまちづくりから，「市民参加」，「協働」によるまちづくりが必要とし，市民の知恵と力を生かし，市民・地域・企業・NPOを巻き込んだ経営を目指すとします。

この経営理念の内容は，企業が環境対応の組織活動を決定をする際の視点である先の4C，つまり市民の視点（Customer：市民との共創），競合の視点（Competitor：独自性の発揮），協働の視点（Collaboration：地域資源の活用），組織の視点（Company：強みの発揮）とも符合します（P.106図参照）。

　流山市は「経営の定石」を踏まえながら，量的な増大を伴う多様・複雑化する行政需要に対して，自ら強みを活かした，良質でかつきめ細やかな独自の行政サービスが提供できる組織になることを明らかにしています。このきめ細やかなとする「細部にこだわり続ける経営姿勢」は，マーケティングでは「ブランド」をつくる際には，忘れてはならない事項です。

◆戦略プランの３つの柱

　この３つの経営理念のもとに，戦略の柱として資源の有効活用を強調する「財政健全性と効率を追求する経営」，協働型の経営を志向する「市民参加・参画による行政経営」，市民起点の能力開発を求める「職員のスキルアップと意識改革」の３項目を設定し，その中に取り組む方針を定めています（前ページ図参照）。

　１番目の「財政健全性と効率を追求する経営」では，行政経営の目指すところは，限られた行政資源を効果的，効率的に活用して，市民に対して質の高い行政サービスを提供するとします。

　２番目の「市民参加・参画による行政経営」では，まちづくりの課題を市民と行政が協働して経営する仕組みの構築が必要とします。

　３番目の「職員のスキルアップと意識改革」では，全ての職員は専門的知識と多角的視点の習得，管理職員には職員志向の組織全体のマネジメントが必要とし，より市民ニーズや課題を的確に把握する能力を高め，スピード感ある行政経営の実現を目指します。

 仕組み②ビジョン＆ミッション　未来を明示しそれを実現する仕組みがあります

◆戦略プランの改革項目の実施と進捗状況の公表

　各部局長は，年度初めに戦略プランの改革項目の具体的な実施項目を選定し，目標値を設定できるものは可能な限り設定します。これにより，部局長を中心として部内職員がその改革・改善に向けて事業を推進します。これが，流山市が目指す部局長のマネジメント（詳細はP.157の6章に掲載）です。

　進捗状況については，年度当初，中間，年度末の計3回公表している「これをやります！部局長の仕事」の中で記載します（P.166参照）。この内容は市民が自由に見られるように，市のホームページ（HP）に部局長の顔写真入りで公表されています。これにより行財政改革をPDCAの軌道にのせて改革と経営の実効性を高め，生みだされた資源を後期基本計画の実行に活用します。

◆行財政改革審議会の評価

　行財政改革審議会は，2016（平成28）年1月に「流山市行財政経営戦略プランの取組状況の検証結果」について答申します。冒頭，「各部局長のマネジメント能力が向上し，本プランが掲げる行政経営の感覚が浸透しつつあるとした後，下記の評価を続けます。

流山市行財政経営戦略プランの取組状況の検証結果

・マーケティング活動で定住人口の増加，まちの活性化，市税等の増加につながっており大きな成果がありと評価
・環境の変化や多様化する行政ニーズに対応した組織改編を評価
・業務の効率化，市民との協働を意識したアウトソーシングを評価
・部局内の意思の疎通に関する内部会議，政策法務研修，行政課題研修，人事評価制度を評価
・市民等に対する窓口対応の向上について評価

---

4. 流山市行財政改革・改善プラン（2016年度〜2019年度）

◆ミドルアップにボトムアップを加える

　このプランは，「後期基本計画」を具現化する下期実施計画で位置付けた具体的な事業を，各部局が実施していくにあたり，多様化・高度化する社会（市民）ニーズに応えるために，配慮すべき共通の経営視点として「改革・改善の項目」を掲げた内容です。

　流山市は，総合計画の体系を政策・事業の根拠とし，目標達成のためのエビデンス（根拠）のある計画策定を志向しています。さらに行財政改革の体系を行政経営のエビデンスとし，総合計画を担える行政組織の構築を行っています（右図参照）。エビデンス重視のロジカルな経営志向であり，組織の成果＝組織の経営力とするマネジメント志向の実践です。流山市行財政改革の特徴であり，成果不足の自治体にはこの認識がまったく不足しています。

　このプランでは，これまでのトップダウンを主とした大きな「行財政改革」「経営改革」「組織改革」での改革内容を継承し，さらにこれからの多様化・高度化する社会（市民）ニーズに的確に応えるには，良質な行政サービスを迅速に提供していくことが必要とします。それには，職場からのボトムアップでの改善（カイゼン）の積み重ねと共有が必要とし，トヨタ方式を参考にした行政経営の改革・改善活動に取り組みます。

　この取組み手順も適切です。行政で行われている「業務改善活動」の成果が職場で定着しない理由の1つに，これを受ける職場の経営体制の未整備があります。経営体制の充実→改善活動の導入が正しい手順です。この改革・改善項目は，各部局の「部局長の仕事と目標」の中で具現化します。各部局長のもと，改革・改善項目の目標設定と具体的取組みを，部局内で協議を重ねながら検討し推進します。

 仕組み②ビジョン＆ミッション　未来を明示しそれを実現する仕組みがあります

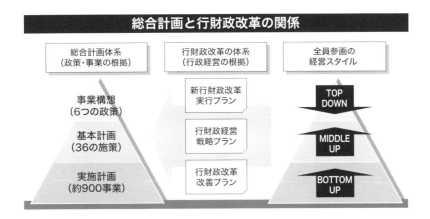

◆参考にすべき経営モデルの構築例である

　流山市は，前プランで掲げた「成果を重視したスピード感ある経営」「良質なサービスを提供する経営」「市民と協働して行う経営」とする経営理念のもと，各部局長がマネジメントを実践します。並行して個々の職員は，市民目線に立った良質なサービス提供を実行し，業務で改革，改善（カイゼン）を実践します。これによりトップダウン，ミドルアップ，ボトムアップが調和した行政経営を目指します。

　決定と実行が別の人で行われる組織は，トップダウン型の経営だけでは，環境変化の複雑化，組織規模の拡大に伴い，トップだけで掌握できる環境情報と内部業務に不足が生じ，意思決定が環境と現場から遊離しがちになります。

　そこで，現場からの市民の情報と市民と接する専門知識，そして様々なノウハウを持つ職員の意見を，ミドルのマネジメントを通じてボトムアップ型で出し合うことで，トップと現場が納得できる市民起点の意思決定とその具体化ができるようにします。

　流山市は，トップダウンで改革を進めながら，その間にミドルマネジメントを担える人材を育成し，市民と接する現場からの情報を組織内に還流させるボトムアップ型が可能な組織を構築しています。

こうして市民ニーズに基づいて主体的に行動できる人材育成と組織が構築されていきます。市民起点の経営モデル構築の典型例です。参考にすべき改革の実例です。ドラッカーは「公的組織に必要なのは仕組みである。それは企業の仕組みと似ている[4]」とします。

◆各部局による共通の改革・改善項目

各部局による共通の改革・改善（カイゼン）項目は，次の3つの柱を掲げます（右図参照）。

(1) 歳入確保・歳出削減に係る改革・改善

市民満足度の高い高品質な行政サービスを提供していくうえで，歳入の確保は重要とし，具体的な方向を明記して健全な財政運営に向けた適正な歳入の確保に努めます。歳出削減については，限られた財源の中で，高品質なサービスを提供するため，今まで以上に創意工夫が求められるとし，具体的な方向を明記して，健全な財政運営を図るとします。「1円まで活かす市政」の具現化です。

(2) 市民及び市民団体との連携・協働の推進

多様化する市民ニーズに応えていくために，市民，事業者との連携・協働が必要です。行政経営においても，それぞれのなすべき各役割を踏まえ，市民及び市民団体が行える公共事業は，その実現に向けて連携・協働を進めます。「地域の可能性を引き出す」の具現化です。

(3) 事業の改革・改善，業務改善，職場改善

多様な市民ニーズへの対応には，職員が日ごろの事務処理などで小さな無駄や非効率に気づき，職場で改善（カイゼン）していくことが重要です。この職場内からのボトムアップによる改善（カイゼン）の積み重ねと意識の共有が，元気で活発な行政組織を持続するとします。

仕組み②ビジョン＆ミッション　未来を明示しそれを実現する仕組みがあります

行財政改革・改善プランの体系

行政（組織）経営の方針	職員一人ひとりが常に市民の目線に立ち、市民のための改革、改善の視点を持続していく行政経営を目指す
経営に係る考え方（経営理念）	経営に係る考え方：経営理念 ＜成果を重視したスピード感ある経営＞ ＜良質なサービスを提供する経営＞ ＜市民等と協働して行う経営＞
各部局による共通の改革・改善項目	歳入確保・歳出削減に係る改革・改善 ／ 市民及び市民団体との連携・協働の推進 ／ 事業の改革・改善、業務改善、職場改善

資料出所：行財政改革・改善プラン

参考にすべきモデルづくり

　井崎市長は、行財政改革の3つの計画について、「私の方針は、『効率と効果の両立』です。効率だけでは効果が損なわれます。効果だけでは浪費が伴います。必要なのは両立です。これを市民目線で担当部署が考え、専門的な観点から審議会が検討し、具体的な内容にしてくれました」と語ります。トップダウン→ミドルアップ→ボトムアップと展開してきた行財政改革のあり方は、組織改革の典型であり、流山市躍進の最重要成功要因（KSF）です。

　明瞭で推進力もあるが危うさもあるトップダウン、活気はあるが試行錯誤も多いボトムアップ、そしてこの両者の調整を、相互のコミュニケーションで行うミドルアップの3層経営は、流山経営モデルの大きな特徴です。まだ未完の部分もありますが、参考にすべき経営モデルの構築法です。「最適な成果（人口増）には最適な経営の仕組み」が必要です。

4-3 基本的な考え方の浸透と自己評価

未来を言葉と行動で示し
自己評価は内外から受け
真摯に内省します

●Point

　改革がうまくいかない理由は「関係がない」とする無関心と「自己改革する理由が分からない」とする理解不足にあります。この克服なくして改革は前に進むことができません。意義の浸透が必要です。

1. 使命実現のために3人の顧客との共有を推進する

◆共有化の意義

　総合計画や行財政改革の内容は飾りではありません。前者の総合計画は市民と協働して作成したものであり，市民生活に大きな影響を与えます。実施には市民の協働が欠かせません。後者の行財政改革は，行政組織とそこで働く職員の仕事の改革内容です。これを，市民に広く知らせ理解してもらうことで，市民の街づくりや行政への関心を高め，市政への参画意欲を高めることができます。

　また厳しい指摘や異論，評価を受けることで，政策のヒントや信頼を深める機会にもなります。市長・幹部・職員のそれぞれが，地域ビジョンや自己改革内容を外部に広く知らせることが重要です。

　行政組織内でも同様です。総合計画は，行政組織最上の計画であり，組織内で働く職員の仕事すべてに関係します。また，行財政改革は，組織の基本的な考え方やそれを実現する仕組み，市民との協働のあり方が明記されています。組織で働く人たちの基本的な考え方と行

仕組み②ビジョン&ミッション　未来を明示しそれを実現する仕組みがあります

動を支え，日常業務での判断と行動の指針になり，職員の言動に直接的に影響します。よって内外に策定や完成を告げるだけではなく，理解し，共感し，共有してもらうことが大切になります。

◆トップと幹部には3人の顧客が存在する

　行政組織のトップと幹部には「3人の顧客」がいます（下図参照）。組織の外に2人います。1人は顧客である市民です。最重要顧客です。もう1人はパートナーです。頼もしい顧客です。後の1人が組織の中にいる職員です。外の顧客と接する重要な役割を担っています。

　顧客であれば，自分達の考え方や活動を丁寧にお知らせし理解してもらい，支持と協働を得なければなりません。自らの都合ではない，顧客である市民や協働者，職員のおかれた状況を考えた，双方向型のコミュニケーションが当然になります。

　また，これらの取組みには，リーダー自身が現場で率先して取り組むことで，具体的な方向を明示することが効果的です。リーダーは，職員や関係者の重要なロールモデル（学ぶに値する役割）です。組織を代表する存在です。模範たるべき人です。市民や職員の言動に大きく影響します。これができないリーダーはその役割からは降板です。

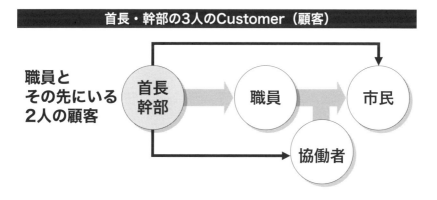

2. 現場での関係者との共有を進める

◆市民との共有

　流山市の市長と幹部は，自ら地域に出向き，「市民みなさんのお考えをお聞きしたい」とする，市民の意見を直に聴く「対話の場」が重要であるとします。2003（平成15）年10月から「タウンミーティング」を毎年開催し，2018年7月末現在で延べ164回開催しています。

　総合計画や行財政改革，重点政策を説明し，質問意見自由の応答で市民の考え方と理解度，政策の浸透度合いを把握します。寄せられた質問意見のうち，時間や資料準備の都合でその場で回答できないものは，後日すべて回答します。意見交換の内容を広く市民と共有するため，市のHPに意見・質問とそれに対する市の考え方を掲載します。有効な提案は具体化を目指します。こうしてリーダーとしての市民意見の傾聴，市民参画，市民起点の市政を実践します。

◆NPOや各種団体との共有

　重要な協働者である市民や市民団体からは，タウンミーティングや市長への手紙を通じて，市への要望だけではなく政策提案されることも多く，行政事務やサービスの改善に貢献しています。さらに，必要に応じて，NPOや各種団体の役員や関係者と意見交換を実施し，情報の共有を行っています。

◆職員との共有

　2010（平成22）年3月に公表された「後期基本計画（2010～2019年度）」は，市長のリーダシップのもと，庁議や各部局での議論を通じて多くの職員が計画づくりに参画し策定したものです。

　この地域ビジョンの中心理念である「市民自治：市民の知恵と力を活かす市政」「都心から一番近い森のまち」については，市長は，議

仕組み②ビジョン＆ミッション　未来を明示しそれを実現する仕組みがあります

会の施政方針，年頭での職員への訓示，議会の定例会，職員との会議，職員研修など，あらゆる場を活用して説明しています。

　幹部には，月2回の庁議などで説明しその進捗を確認します。部局長は部局内会議を通して内容を職員に知らせます。市政や職員に関する重要な市長発言内容は，庁内LANで全職員が見ることができます。

3. リーダーシップの発揮に関する評価と改善を行う

◆全庁の成果を把握する

　リーダーとしてその役割を果たしているか，目標とした成果を達成しているかを把握します。「基本計画」の目標指標の進捗状況は，総合政策部主管のもと各部局で進捗を把握し，半期と年度末の年2回，市長，副市長に報告し検証評価を行います。

　また，部局経営に関しては，年度当初の庁議で，「部局長の仕事と目標」として，各部局長から前年度の実績の検証評価と今年度の計画について報告を受けます。9月には計画の進捗状況と3月には最終結果を各部局長から報告を受けその内容を検証評価します。

　財政状況に関する評価は，安定した市政経営を行うための最も重要な評価です。税収については毎年度の経済情勢を把握し，財政基盤の充実については財政力指数，借金など財政の健全性については公債費負担比率，財政の弾力性は経常収支比率により検証評価を行います。

◆自己の評価・改善

　自己のリーダーシップについては，内輪の評価にならないように，市長自らが多面的な観点から情報を入手し評価し是正します。

　（1）市民からの評価・改善
　4年に1回は選挙で，これまでの成果とこれからの政策をマニフェ

ストとして掲げ、その結果により市政に対する自らの経営力とリーダーとしてのあり方を評価します。

市民とは、市民アンケートやタウンミーティング、市内での頻繁に開催されるイベントや各地域での懇談会、各種要望の場などで、「異論」や「反対意見」も含めた多様な意見を聴くことで、自己のマネジメント内容や真摯さ、リーダーシップ発揮の方法を評価、是正します。

(2) 議会、有識者、マスコミ等からの評価・改善

市民から選ばれ、総合計画を議決し、自治体経営に関して責任のある議会の意見は重要です。政策を説明し意見交換や議論で得た情報は政策や行政経営の仕組みの見直しに活用しています。

各種審議会からの答申は、その分野の専門知識や市民の知恵を活用した指摘として重視します。内外の市民に影響を与えるマスコミの報道内容も有力な点検情報としています。こうして、多様な意見から自らのマネジメントとリーダーシップのあり方を確認しています。

重要成功要因 まず、市民皆さんのお考えをお聴きしたいから KSF

流山市の「人口増」には、総合計画（ビジョン）を政策のエビデンス、行財政改革（ミッション）を行政経営のエビデンスとする経営的な知見があります。行政組織は社会を変える存在です。そのためには「挑むべきビジョン」と「なすべきこと」を実現する仕組みが必要です。流山市にはこの経営の仕組みがありました。

しかしビジョンも仕組みも永遠ではありません。環境が変われば変更が必要です。その起点になるのが「市民」です。よき行政組織は、「まず、皆さんのお考えをお聴きしたい」と始めます。

流山市に「人口増」をもたらしている経営の仕組みの3番目は、その「市民ニーズの理解と信頼」の仕組みです。

仕組み②ビジョン&ミッション　未来を明示しそれを実現する仕組みがあります

こうして流山市は人口増を実現している

第5章

仕組み③市民ニーズ

現市民と将来市民のニーズを理解しています

3番目の経営の仕組みは, 市民対応の仕組みです。流山市は対象を共働き子育て世帯に絞り,「母になるなら,流山市。」のコピーで, 対象者の潜在ニーズを掘り起こし耕し育て, 市政への信頼を獲得します。

③市民ニーズの理解と信頼

①真摯なリーダーシップ	⑤市民起点の政策マーケティング	⑦市民との協働と共創
②ビジョン＆ミッション	④全庁と各部の経営（マネジメント）	

⑥組織と職員の能力開発

（―流山市に人口増をもたらした7つの経営の仕組み―）

5-1 市民の細分化と市民ニーズの理解

全市民とは誰のこと？
特定しなければ市民ニーズは把握できません

Point

流山市は「すべての市民」ではなく，「誰に」「何を」「どのように提案するか」を考え，結果，多くの人の評価を得ました。

1. 移住を決意するAさん夫婦の行動

ポスターを見て心を動かされました

東京23区に住む（どこの），都心に通勤する28歳のAさんは，半年後の出産を控えていました（どのような人）。先に出産した同僚が，近くに保育園が見つからない，通勤時間が長くて育児時間がとれない，夫の仕事環境から育児協力が十分に得られないことから退職したこともあり（問題），出産後の育児や仕事について漠然とした不安を感じていました（潜在ニーズ）。

そんなある日，通勤の乗り換え駅の壁面に掲示されていた「母にな

資料出所：流山市

仕組み③市民ニーズ　現市民と将来市民のニーズを理解しています

資料出所：流山市

るなら，流山市。」のコピーと，父親と遊ぶ子どもたち，それを見守る母親の笑顔が描かれた大きなポスターに（マーケティング活動），「これはなに」と心を動かされます（潜在ニーズの顕在化）。

　その夜，夫婦で流山市に関する情報をインターネットで調べます。市のHP，住んでいる人の感想，雑誌の取材記事，不動産会社の住宅紹介など，予想以上に多くの情報が入手可能でした（市のマーケティング活動）。類似した他の候補地の情報も収集し比較します（比較検討）。その結果，週末に大きなイベントがある「流山おおたかの森」に夫婦で出かけることにしました（行動）。

駅を降りて「ここしかない」と直感しました

　当日は秋葉原からTX快速を利用して「流山おおたかの森」に向かいます。25分ほど（移動コスト）の乗車で駅を降りると，駅周辺の緑の豊かさ，同年代の夫婦の多さと子ども達が駆け回る様子を見て，「ここしかない」と直感します（記憶）。

　イベントを楽しんだ後，複数の物件と周辺の施設を見て回ります。夕方には駅前商業施設のレストランで食事をし，「流山おおたかの森」を後にしました（住む価値，様々なコスト，イベントでの市民との対話の体験）。

　帰宅後，市の「地域固有の自然を維持・活用し，都心的な魅力を兼ね備えた『都心から一番近い森のまち』をまちづくりの基本方針とする」と書かれた市の方針を夫婦で確認し（信頼），移住を決意します（移住意向の決定）。

2. 政策対象と地域全体での成果両立を考える

◆流山市のマーケティング・ノウハウ

　このように流山市は，政策対象を細分化（セグメンテーション）し，その中から政策目的に適した対象を選定（ターゲティング：共働き子育て世代）します。次に対象の顕在・潜在ニーズを把握し，自らの強み（ポジショニング）を活かした価値（コンセプト）を，マーケティング体系を活用して提案し，市外の対象者を市民として迎入れます。ここに流山市のマーケティング・ノウハウがあります。

　井崎市長は，「全ての市民」という抽象的な市民は実在しない，市民を細分化し特定しなければ，ニーズは把握できないとします。ここから，その市民はどんな人（人口統計的要因）で，どこ（地理的要因）にいるのかを具体的にイメージし，「その市民のために」「何を」「どのように提案するか」の大切さを，何度も職員に問いかけてきました。

　それは，「誰のために：セグメンテーション＆ターゲティング」「何を：コンセプト（良質の価値）」「どのように提案するか：マーケティング戦略」で構成するマーケティング体系です。

◆特定の対象に限られた資源を集中して全体の成果を手にする

　井崎市長は，2009年の施政方針で「将来的な納税者として，本市の財政を支えていただける共働きの子育て世代の方々を中心とした若年層の方々に，流山市民となって頂くために，子育ての充実に特化した施策の展開による市民誘致を進めていきたい」と表明します。

　「特定層への税金集中は公平の原則に反する」として庁内や議会に波紋をもたらした表明内容ですが，結果は特定層を対象にした市民誘致施策が対象者の移住をもたらし，人口増加から市全体の活性化につながります。選択した特定対象の満足と全体の成果（市内活性化）を両立させた「政策のお手本」になる戦略的な取組みです。

仕組み③市民ニーズ　現市民と将来市民のニーズを理解しています

◆細分化は対象市民設定の前提である

　全体の奉仕者である行政は，これからは競合と財政的制約から，流山市のように，特定した市民に政策・公共サービスを提案することで，特定市民と全体市民満足の両立が求められます。よって全市民からどの市民を対象にするかは，市全体の成果に大きく影響します。

　さらに，市民のニーズが多様化，複雑化，高度化してくると，1つの政策・公共サービスの対応では，誰もが満足できない結果になりがちです。対象を明確にした政策形成が必要になります。

　そこで，政策・公共サービスの立案では，必然的に，市民を異なるニーズを持つ集団と捉え，市民を異なるニーズごとに区分し，有効な範囲で同質のニーズを持つ集団として区分けすることになります。これが市民の細分化です。下記の利点があります。

【細分化の利点】[1]

①区分された対象市民は比較的同質であることから，ニーズを明瞭に特定できる。例えば，流山市が設定した「30代〜40代の共働き世帯」の子育てに関するニーズ。

②異なるニーズに異なる政策を提案できることから，対象者の満足度が高まる。例えば国際人に育てたい両親のニーズに対応する「中学校ALT（英語指導助手）・小学校英語活動指導員派遣事業」。

③対象とした市民層にだけ政策を提案することから，資源の有効活用ができる。例えば対象を限定した「子ども医療費助成」。

　細分化した複数の市民区分毎の特徴を見極め，その中から大きな成果が期待でき，全体の納得も得られる特定の市民を一つ以上選択（ターゲティング）します。選択した対象市民層の顕在と潜在ニーズに応じた，適質と評価してもらえる政策・公共サービスを自らの強みを活かして創造提案し，対象市民の満足と全体の満足向上を目指します。最小の資源で大きな成果が期待できます。

3. 流山市の細分化（セグメンテーション）の実際

◆政策対象を明確に区分する

　流山市のマーケティング活動を分析すると，顧客とは「流山市に関わりを持つ人」とし，それを複数の基準で細分化していることが分かります（下図参照）。まず最初に地理的要因から市内と市外に区分し，その後，各対象を人口統計的要因を中心にして細分化し区分します。

　中核となる顧客は「市内に居住する市民」です。市内の市民，企業，公共機関，自治会，NPOなどは政策・公共サービスの受け手ですが，パートナーとしての役割もあります。

細分化項目	
市内	市外
市民 企業，公共機関 自治会，NPO その他	働く人，観光客 企業，公共機関 移住希望者 その他

　市外の対象者は，人口減少時代では地域内の市民構成を変える戦略的な顧客になります。市外からの働く人と観光客は，移住の潜在顧客です。市内での交流や体験から移住市民への移行が期待できます。企業と公共機関は，市内での働く場の確保先として地域の活力を高めることに貢献します。移住希望者は全国に散在する無限の市場です。

　このような，社会は異なる人の集まりとする細分化意識があると行政活動は変わります。右図は流山市と隣接自治体のHP（ホームページ）表紙のリンク構成を比較したものです。流山市はアクセス対象を4つに区分してリンクを構成します。交流人口と移住者を増やすとする市の方針が反映しています。隣接のA市は市民とビジネスで区分します。交流者と移住希望者は情報の収集に迷います。隣接のB市はすべて市民向けです。外部に無関心と評価されます。このように細分化の粗さが政策や行政活動の粗さになります。

仕組み③市民ニーズ　現市民と将来市民のニーズを理解しています

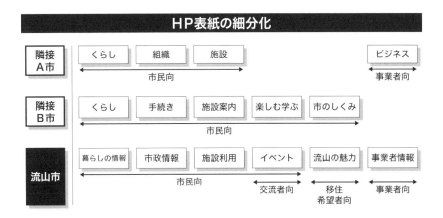

◆市民属性による市民区分

　細分化は業務の多くの場面で使用されます。次ページの図は流山市の「市民意識調査」と「まちづくり達成度アンケート（毎年）」で使用している回答者の細分化基準です。これを見ると市では、市民をマーケティングの細分化基準である地理的要因の「居住地区」と、人口統計的要因である「性別」「年齢」「職業」「通勤・通学」「最寄りの鉄道駅」「住宅」「居住年数」で区分しています。

　市民のニーズをより深く把握しようとすれば、細分化の考え方は業務の中で必然になります。コトラーは「マーケティングは細分化から始まる」と表現します。

　この市民区分で、政策・公共サービスに対する評価と満足度、地域や健康に関する市民の価値観（心理的要因）と使用状況（行動的要因）、そして市政への信頼度に関する質問の回答を分析することで、定住意向に関連した、市民に関する詳細で整合性のある情報を把握することができます。

　これは企業では入手が難しい属性別の時系列で把握可能な顧客情報内容です。行政は企業以上に、顧客である市民に関する体系的で時系列の情報入手が可能です。

	属性	内容例
1	性別	男性，女性
2	年齢	20〜29歳，30〜39歳…70歳以上
3	職業	農業，自営業，勤め人，公務員，学生…
4	通勤・通学先	市内，松戸市，柏市，野田市…東京都
5	最寄り駅	利用していない，各駅
6	住宅	一戸建ての持ち家，分譲マンション…
7	住居年数	2年未満，2〜5年未満…
8	居住地区	北部，中部，南部，東部，無回答

※市民意識調査

	属性	内容例
1	性別	男性，女性
2	年齢	20代，30代，40代，50代…70代以上
3	仕事	農業，自営業，会社員，学生，主婦…
4	住居年数	3年〜5年未満，5〜10年未満…
5	家族構成	単身，夫婦だけ，二世代世帯…
6	居住地区	北部，中部，南部，東部

※街づくり達成度アンケート

細分化基準 (2)		
地理的要因	市民ニーズは地理的に異なる	地域，都市規模，人口密度，気候
人口統計的要因	市民ニーズは統計的変数と関連している	性別，年齢，世帯規模，家族のライフサイクル，ライフステージ，所得，教育水準，国籍，世代，社会階層
心理的要因	市民ニーズは内面的な特性で異なる	性格，社会変革度，動機，態度，知覚リスク
行動的要因	市民ニーズは行動的な変数で異なる	使用機会，便益，利用者の状態，利用頻度，ロイヤリティ，購買段階

◆事業別の市民区分

　行政の政策・公共サービスは，現場では事業という形で提案されます。細分化の考え方からすると，「事業の対象」を「一般市民」といった漠然とした表現ではなく，できる限り事業対象を特定します。

　流山市の事務事業のマネジメントシート（右図参照）では，事業の企画段階で対象を「誰に（事業対象）」と「何を（事業の意図）」を明

仕組み③市民ニーズ　現市民と将来市民のニーズを理解しています

135

平成27年度　事務事業マネジメントシート

事業名	送迎保育ステーション事業			会計	款	項	目	大事	小事
				01	03	02	01	05	52

政　策	04	4節　誰もが充実した生涯をおくることのできる流山（市民福祉の充実）	主管課	保育課
施　策	4-1	安心して子どもが健やかに生まれ育つ環境づくり	主管課長	根本　政廣

I　事務事業の目的・内容

事業目的	対象	市内保育所に入所を希望している児童	意図	待機児童の解消を図る。
事業内容		おおたかの森駅前及び南流山駅前に送迎ステーションを設置し、市内全域の保育所へバスで児童を送迎し、待機児童の解消を図る。		
事業開始から現在までの状況変化		待機児童の解消の一つの手段として、平成19年度に流山おおたかの森駅で、平成20年度に南流山駅で事業を開始し、現在、流山おおたかの森でバス5台、南流山でバス2台の合わせて7台で事業展開を繰り広げている。		

資料出所：流山市

確にし「事業内容」を考えます。

　事業担当部局では，それぞれの事業の目的に照らし合わせ「対象とする市民は誰にすべきか」の議論を重ねながら，対象市民を「市内保育所に入所を希望している児童」と設定し，その対象市民のニーズを把握し，設定した「意図」が実現される市民起点の「事業内容」の作成を行います。

　この市民区分の考え方は，例えば世代別・性別・居住地域別のような地理的，人口統計的な区分だけでは，市民ニーズの理解が不十分になる場合があります。この場合は，各事業において細分化項目を追加します。その方法は市民属性に，例えば，「使用動機（心理的要因）：受診したことがない人」「使用の頻度（行動的要因）：初めての人」の項目を増やす方法と，質問事項に「〜を受診したことはありますか」と組み込む方法があります。クロス分析が可能なデータ収集であれば，細分化の切り口は目的にあわせて多様な組合せが可能になります。市民の特性にあわせたニーズ把握ができます。

5-2 潜在ニーズを把握する

市民ニーズの
95%は
隠れています

Point

顕在ニーズへの対応では費用がかかりすぎます。潜在ニーズの把握はマーケティングの成果を大きく引き上げます。

1. 現市民の顕在・潜在ニーズを把握する

◆潜在ニーズに注目する

　流山市は，「母になるなら，流山市。」の一枚のポスターで，移住希望者の潜在ニーズを顕在化し，大きな成果を手にしました。細分化した市民の中から，政策・公共サービスの対象者が設定できれば，対象ニーズの把握が可能になります。このニーズの把握で大切なことは「顕在ニーズ」と「潜在ニーズ」の区分です。

　人々の生活は入学，就職，結婚，育児などで変化します。それに適した環境で生活したいとするニーズは，常に顕在または潜在しています。ここで注意しなければならないことが，「人は自分が求めていることの5％は認識して言葉にできるが，残りの95％は認識できていないので言葉にできない[3]」とする「ニーズ氷山説」です（左図参照）。

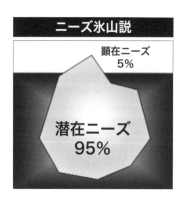

　つまり，潜在ニーズを意識しない

仕組み③市民ニーズ　現市民と将来市民のニーズを理解しています

と，顕在した5％の市民情報でそれが市民ニーズの全体と考え，対応してしまうことになります。これでは政策・公共サービスの成果は危ういものになります。

◆顕在ニーズと潜在ニーズを把握する

井崎市長は，「自治体経営者としての市長に求められることは，計画的な行政経営と健全な財政運営である。さらに時代の先を見据えて，未だ顕在化していない課題や問題を捉え，それらの改革・解決に向けて，今取り組むべきことを選択する『決断』と『行動』なくしては，発展ある自治体を目指すことはできない」と語り，潜在ニーズ把握の重要性を鋭く指摘します。ニーズ把握の本質に関する重要な見解であり，流山市の評価できる知見です。

マーケティングには，2つのニーズへの対応があります。1つは，すでに市民が「必要」と思い，行政もそれに気がついている顕在ニーズへの対応です。もう1つが，すでに発生はしているが，市民も行政もその必要性に気がついていない潜在ニーズへの対応です。後者を見落とした場合の損失は，潜在していることから甚大になります。

例えば，現在，国家経営の最大の政策成果指標になっている「合計特殊出生率」は（次ページ図参照），1973（昭和48）年に2.14を記録した後は，人口を維持するのに必要な「2.07」を超えることはありませんでした。長期間，「子育て環境の充実を」といったニーズは既に発生していたのですが，15年後の1989（平成元年：昭和64）年の「1.57ショック」までその認識は不充分でした。

顕在化した後では既に問題が大きくなっており，対策の効果は小さく，2017年でも1.42です。図の棒グラフの黒の部分は，潜在ニーズを見逃した際の「悲劇」を表します。もちろん顕在ニーズの見逃しは，市民の大きな不満になることから，政策形成では，顕在ニーズと潜在ニーズの両方を把握します。

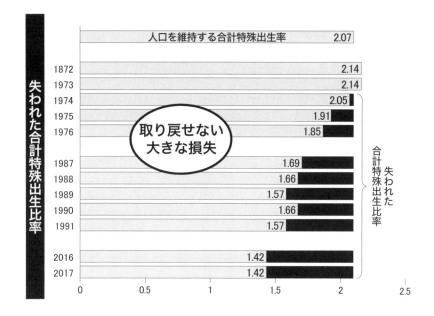

　井崎市長は「最小のコストで最大の成果を考えると，当たり前のことですが，潜在ニーズへの対応が有効です。対応が成功すれば，問題が大きくなる前に解決でき，より少ない税金で成果を出せます」とし，地域ビジョンに基づいた「課題設定型」の行政を推進し，最小の資源で「人口増」といった成果を手にしています。

◆市民意識調査によるニーズ把握

　流山市の現市民の顕在ニーズと潜在ニーズを把握する方法の1つに「市民意識調査」があります。この調査は総合計画の策定に関する調査で，2003（平成15）年，2008年に実施しています。これにより「市民生活の現状やニーズ，政策に関する関心度や満足度，行政に対する要望」を把握し，基本計画の策定や市政展開の「基礎資料」として活用しています。ここでは，流山市の市民ニーズの把握について検討し，満足度については，「P.152の5-5」で検討します。

仕組み③市民ニーズ　現市民と将来市民のニーズを理解しています

(1) サービス・プロフィット・チェーンによる市民意識調査の体系化

市民意識調査では、市政や政策分野を9つの調査項目で、市民から見た評価を把握します。「地域は住みやすいか、住みにくいか」の質問を先頭に愛着、定住意識の質問が続きます。

・定住意識を柱にした調査項目　・現状政策に関する満足と不満足
・必要施設に関する将来ニーズ　・政策に関する課題や充実方法
・政策への参画や施設の利用状況

この市民意識調査項目を、「サービス・プロフィット・チェーン[4]」の考え方を活用して体系化すると下図のようになります。

2008年の調査結果を2003年と比較しながら分析すると、政策を通じた市民ニーズへの対応と定住意識（継続利用）の関連が把握できます。人口減の社会では「定住意識」の変化は、行政活動における最重要の成果指標です。現市民に評価されない政策や行政活動を、他の地域の人たちが評価することはありません。

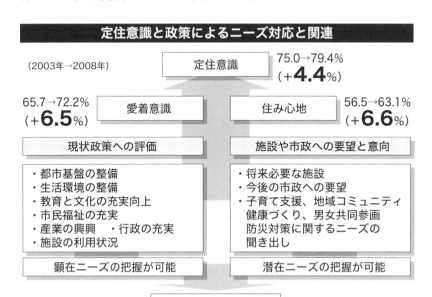

定住意識は，「愛着」という情緒的因子と「住み心地」という知覚因子に分解可能です。愛着はマーケティングでは「ロイヤルティ（忠誠心，愛着心，信頼）」を意味し，対象を選好し継続的にそれを選択することを意味します。「住み心地」は，地域への愛着に影響を与える他の機能的因子の統合的な指標です。

(2) 顕在ニーズを把握する

「愛着」と「住み心地」には，基本計画の施策体系である都市基盤，生活環境，教育・文化，市民福祉，産業振興，行政充実の各施策に関する市民評価が影響します。この市民評価の分析から，各施策の顕在ニーズへの対応方法の良し悪しが判断できます。

2003（平成15）年／2008年の比較では，定住意識が4.4ポイント上昇しています。井崎市政への評価です。定住意識の変化を，施策体系項目に関する評価の変化で見ると，56項目中50項目が過去10年で最高の評価です。加重平均してみると，評価の上位項目は，①TX開通後の鉄道の乗り換え，②上水道の整備，③資源回収・リサイクル，④広報活動。下位項目は，①商店街の魅力，②バスの本数と路線網，③地球温暖化防止対策，④市街地整備です。施策に関する評価は，行政活動の「ニーズ把握」と「政策の立案・実施」のあり方で変動します。下位項目は，この2つが十分かを検討します。

(3) 潜在ニーズを把握する

潜在ニーズに関しては，「流山市の将来のために必要な施設は」「市の公共施設や公共交通機関の利用状況は」「子育て環境の充実や主要政策についての必要性や参加可能性は」の質問で把握しています。施設名の明示で隠れた選択肢を提示し潜在ニーズを把握します。利用が少ない施設には，未対応のニーズを検討します。必要性や参加可能性を聴き出すことで，潜在ニーズの把握や新たな対応を考えます。

仕組み③市民ニーズ　現市民と将来市民のニーズを理解しています

◆まちづくり達成度アンケートによるニーズ把握

　もう1つのニーズ把握方法が「まちづくり達成度アンケート」です。2005年から3,000人を対象として毎年実施しています。この調査は，後期基本計画の6つの政策の各個別施策に記載した「目標指標」の達成度合を把握するためのものです（下図参照）。質問内容は施策に関する満足度，生活の良好状況の評価，事業の参加率など多様です。それらの達成度合の動きから，各施策や主要事業のニーズ対応内容を評価し，顕在ニーズへの対応のあり方，潜在ニーズの見逃しなどの検討が可能になります。

　例えば，下記のアンケート項目の「1-1：生態系に配慮した公園・緑地・水辺等空間の整備・管理」には，目標指数として「市内の緑に満足している市民の割合／80.0%」を設定しています。この達成度合により，達成の場合は顕在ニーズへの対応内容の評価が，未達の場合は現在の対応内容の検討と潜在ニーズの把握を行います。こうして施策に関する市民の評価を確認し，評価された施策の拡充や評価不足の施策の是正を行います。さらにこれらの要因は，年代別，地区別といった市民属性別での分析が可能です。

　流山市は顕在ニーズへの対応と潜在ニーズの対応状況を検討することで，現施策の是正や新政策の立案を行います。特に潜在ニーズの把握は，地域と住宅の緑の再認識やツーリズムの資源発掘に見られるように，市民に新しい地域価値をもたらすことに貢献しています。

施策名	施策名	目標指数
整備・開発と自然環境のバランスがとれた流山	1-1：生態系に配慮した公園・緑地・水辺等空間の整備・管理	市内の緑に満足している市民の割合／80.0%
	1-2：地域特性に合った良好な市街地整備	良好な市街地が形成・維持されていると感じている市民の割合／78.2%

5-3 将来市民のニーズを理解する

未来準備 将来市民のニーズを把握して

Point

人口増で必要なのは，将来の市民を細分化し，ニーズのトレンドから，いまだ顕在化していないニーズの芽を発見し準備することです。

1. 将来の市民とは

流山市の将来市民への対応を検討すると，下記のような細分化した対象への取組みが明らかになります。

---

1. 市政への関心が薄い市内市民
2. 次の世代の市内市民
3. 移住を考えている他地域住民
4. イベントや観光，仕事などで流山市を訪れる，もしくは訪れる可能性のある他地域住民
5. 流山市での事業活動に関心を寄せる企業

流山市が志向する政策・公共サービスのあり方には，市長の方針にあるように，問題対処型行政と課題予防型行政の両輪化があります。しかし，問題が発生してからの対応ではその病巣の影響が大きくなり，投下する税金が必要以上に膨らみます。後手行政を排して，変化の兆候把握や潜在ニーズを追求し，失敗を恐れない早期に対応する発想と行動力が必要です。

仕組み③市民ニーズ　現市民と将来市民のニーズを理解しています

2. 将来の市民になる人のニーズを把握する方法

　流山市では，この考えから将来予測を重視し，将来人口・将来行政
需給の正確な予測と時代や市民ニーズの潮流を，専門機関の調査や市
の各種審議会の答申・提言内容などから把握しています。

　例えば，先の「市民意識調査」は過去3回，「まちづくり達成度ア
ンケート」は，2005年から毎年調査しています。2つの調査で，過去
から現在までの時系列的な変化を分析することで，「過去から現在の
動向」と「今後のトレンド」が予測できます。

　また質問項目には「今後，力をいれる領域は」といった現市民の将
来のニーズを把握する内容もあることから，その推移と行政の対応か
ら今後のニーズが把握できます。例えば，市民意識調査で重要意識が
高まっている政策分野の変化を時系列で見ると，2003年調査時1位
の防犯は，防犯対策で犯罪率が低下したことから2008年の調査では
3位に。鉄道輸送はTXの開業でランク外に。医療・保健は団塊世代
の高齢化と子どもが増えたことから4位から1位になります。環境の
変化，政策での対応から，市民の将来ニーズが想定できます。

2003年調査	順位	政策実施	順位	2008年調査
防犯	1		1	医療・保健
高齢者福祉	2		2	高齢者福祉
鉄道輸送	3		3	防犯
医療・保健	4		4	道路整備
道路整備	5		5	緑

(1) 市政への関心が薄い市民のニーズ把握

　市政への関心が薄くても，すべての市民が直接・間接的に政策・公
共サービスの対象者となります。また，流山市は，市民の自主・自立
を支える「環境整備型の協働行政」を目指しており，市民の参画意識
の浸透は重要です。その確認は「市民意識調査」では，「市への関心」

「公共施設の利用」「施策への参画意思」の質問で。「まちづくり達成度アンケート」では，「市に意見を言える機会に満足している市民の割合」「コミュニティ活動参加者の割合」の質問で把握しています。

　この結果から，市政の出来事や参画機会の情報を，市の広報紙やHP，フェイスブック，各種のNPOなど多くのルートを用いて提供し，潜在的なニーズの顕在化に努めています。

　(2) 次の世代の市民のニーズ把握
　市民属性（特に年代別）による市民区分層は，施策によっては将来の市民層になります。例えば，現在の50代後半から60代前半の市民は，近い将来，老年層へシフトします。高齢者施策にとっての将来の市民です。該当する市民のニーズや生活環境，価値観などを把握することで現政策の修正や新政策を考え，よりニーズに適合した政策・公共サービスを提案することができます。予防型の政策立案です。

　(3) 移住を考えている他地域住民のニーズ把握（右図参照）
　市では，人口減少時代で，定住人口の増加を今後も続けていくには，定住市民の定着と移住市民の増加が不可欠とします。この対象へのアプローチは，マーケティング課が担当します。シティセールスに積極的に取り組み，移住者へのアンケートで移住に関するニーズを聴き出し，そこから市の強みと都市間競争を意識した市内生活の魅力を市外，特に首都圏の住民を対象にしてPRしています。結果，子育て中の共働き夫婦の移住と定住化を促進し大きな成果をあげています。

　(4) 流山市を訪れる可能性のある他市在住者のニーズ把握
　流山市は，市が係わる野外イベントだけでも年間約40万人が訪れる自治体です。流山市を訪れる人のニーズ把握は，人口増につながる重要な意味があることから，イベントでの来街者を対象に調査を実施

仕組み③市民ニーズ　現市民と将来市民のニーズを理解しています

平成28年度　事務事業マネジメントシート

事業名	市のイメージ向上と企業・住民誘致の推進事業			会計 款 項 目 大事 小事
				01 02 01 09 01 51
政　策	05	5節　賑わいと活気に満ちた流山（産業の振興）	主管課	マーケティング課
施　策	5-1	商業の拠点づくりと地域密着型サービスの強化	主管課長	藤原　睦美

I 事務事業の目的・内容

事業目的	対象	首都圏の住民(将来の市民)	意図	流山市を広く認知し、よい街のイメージを持ってもらう。また多くの方に流山市を訪れてもらい、さらに移り住んでもらう。
事業内容		都心からの交通アクセスの良さと、良質な住環境を兼ね備えた市の魅力を発信し、首都圏の住民及び企業に広く流山市を知っていただくとともに、流山への情報アクセスを高め、交流人口を拡大するための仕組みをつくる。そして最終的には住民誘致へと結びつけ定住人口の増加を目指す。		

資料出所：流山市

し，来街目的，利用交通機関，消費額，満足度などを把握していま
す。これにより流山市の魅力を来街客の視点で確認し，交流人口の増
加と地域経済の活性化をねらいとする政策の立案に活用します。

（5）流山市での事業活動に関心を寄せる企業のニーズ把握

　流山市が進める働く環境の整備である「子どものそばで働ける街づ
くり」は，働く世代への環境充実のほかに産業振興の視点からも重要
な取組みです。多くの企業や学校にとって流山市が人的資源が豊かな
魅力ある投資先であることを訴求しています。

重要成功要因 対象の特定，潜在ニーズの把握，将来市民の受け入れ

　すべての市民，顕在したニーズ，現在の市民への対応が中心で
は，予算規模の大きさの割には成果は少なく，将来市民への対応が
最小になることから，地域の発展は先細りになります。これが井崎
市長就任時の市政の姿でした。流山市の躍進は，政策形成で「すべ
ての市民」と書くことを再検討し，対象を絞り，その潜在ニーズを
把握し（KSF），地域を支える将来市民を迎入れたことにあります。

5-4 市民との信頼関係を構築する

全て公開 知り得て害をなさない言動が必要です

Point

行政の強みの1つに「信頼」があります。市民との信頼関係が深まることで，市民の本音（潜在ニーズ）を聴き取ることができます。市民からの協力も得られます。「誰が（WHO）語るのか」も重要です。

1. 市民への情報提供の仕組みを構築する

◆信頼に影響する2つの要因

　信頼がなければ，行政は市民から軽視され協働を失います。税金活用が手探りになり政策の成果は減少します。行政は責任を果たすことができなくなります。

　行政への信頼は，市政推進の強力な「見えない経営資源」です。行政の大きな強みです。信頼に関する研究によれば，信頼に影響する要因の1つは，機能的要因である「対象の能力」です。市民の税金を活用した政策・公共サービスの提案で「なすべきこと」を通じて，市民生活の向上に貢献できるかです。行政の組織的機能の発揮による信頼の確保です。

　もう1つは，人的要因で「対象の真摯な対応力」です。真摯さとは「清廉で誠実な一貫した姿勢と行動」です。成果をあげるだけの能力の誇示では，無意識に傲慢さが目立つようになり，次第に市民の支持を失います。成果を目指したリーダーが陥る「自覚なき蹉跌」です。

　真摯さの中心には，リーダーシップでも指摘した「知り得て害をな

仕組み③市民ニーズ　現市民と将来市民のニーズを理解しています

さない言動」があります。行政が弊害もあると知りながら，それを隠して行政活動をすれば，市民は行政を信用しなくなります。行政への不信が拡大すれば社会は沈滞します。資料隠し，データ改ざん，虚偽答弁，公文書改ざんなどは，行政組織とそこで働く職員の信用を根こそぎ失う行為です。公務員には市民へのより高き忠誠が必要です。

流山市の機能的要因からの信頼については，人口増の実績や内外からの高い評価で確保していることから，ここでは人的要因である「対象の真摯な対応力」を明らかにします。

◆市政への信頼は75.5％（下図参照）

流山市政への信頼度は，「まちづくり達成度アンケート／2016年度」によると前年と同じ75.5％です。井崎市長は，「市役所が市民から信頼されるには，特権を排する自己改革，分かりやすい情報提供，そして情報共有を目指した情報公開の実現が必要」とします。

また，市民に市政への関心と積極的な参画をしてもらうには，「地域や市税に関する情報の提供による地域課題の共有化が大切」とします。ここから情報公開制度の改正と市民参加条例の制定を行います。

流山市は，「徹底した情報公開」は単に市民への説明責任を果たし，行政の公正・透明性を高めるだけにとどまらず，情報の共有から行政のあり方や仕事のやり方を変えていく有力なツールとします。全ての

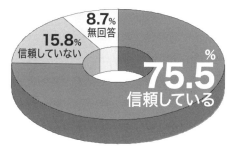

資料出所：まちづくり達成度アンケート

仕組みを市民起点から点検し,「内部告発にも耐えられるフェアな組織をつくる」とします。市長はこれからは,「情報公開」→「情報提供」→「情報共有」の時代になるとの認識を職員に示し,「待ちの情報公開」から「積極的な情報共有」への転換を進めています。

◆アクセスポイント(市民接点)の積極的工夫

流山市が重視している市民とのコミュニケーション方法は,①多様な情報媒体を活用した市民との対話,②市民との直接対話です。前者については,下記のような複数のアクセスポイント(市民接点)を用意し,流山に関心のある人たちに,市内の様子や生活,市政に関する情報を提供し,市民からの情報も得ています。

【流山市のHP】利用者目線の使いやすい工夫があります。
【広報ながれやま】読者のニーズを捉えた編集です。
【ぐるっと流山】写真で市内の月別の出来事が分かります。
【市の紹介】センスある流山ウエルカムガイドです。
【保健だより】その時々の健康に関する情報が得られます。
【障害者福祉や介護保険などの手引き】関係先が明瞭です。
【情報公開コーナー】対応が丁寧です。
【みどりのメール】「イベント情報」「市政情報」の配信です。
【ツイッター,フェイスブック】最新情報が得られます。

インターネットを活用した情報提供に力を入れています。市HPの使いやすさと拡充に努め,例えば「流山の紹介」「流山市統計情報」「オープンデータ」は,市が保有する流山市に関するあらゆる情報を,誰でも,いつでも,容易に活用できるようにしています。情報の検索,比較,入手,活用がしやすい利用者目線が感じられるHPです。

また,市民にお知らせしたい情報や市民と共に考えたい情報は,市

仕組み③市民ニーズ　現市民と将来市民のニーズを理解しています

資料出所：広報ながれやま

から直接に届けることが大事だとする考え方から，全世帯配布の『広報ながれやま』を重視しています（上図参照）。2010年6月から月2回の発行を3回にしています。市が直接市民に知らせるべき情報と市の取組みがタイムリーに企画され，見やすい分かりやすい工夫で編集されています。実際『広報ながれやま』の内容と情報に関する満足度を調べたところ，70％の市民が満足と回答しています。

市では，職員一人ひとりが「広聴広報マン」であるとの認識のもと，多様な市民接点を設け，そこでの接点活動を真摯に行うことが大切とします。

以上のように多様な情報提供の経路を確保する理由は，市民を細分化すると，年代により市情報の入手経路が異なるからです。『広報ながれやま』は，高年代の市民の閲読率が高い媒体ですが，若い層に

は，毎日の通勤途中や帰宅後のインターネットや市HPの方が有効な市情報の媒体になります。業務の各場面で「誰に」「何を」のマーケティングの発想が活きています。

(1) 高く評価された情報公開制度と条例

「情報公開制度」は，1997（平成9）年10月にスタートし，自治基本条例の施行に伴い2009年12月に改正します。より開かれた市政を推進し，市民の市政に対する理解と協力を得て，公正（フェア）で民を主とする市政を実現するため，市が保有する公文書を請求に応じて開示するものです。

市の「情報公開条例」は，市民の知る権利，行政の説明責任，市民との協働を明記し，開示請求者の拡大，広範囲な対象実施機関，短い開示決定期限により，行政の透明性を一層高める内容になっています。また，事務事業評価表・予算見積書などの公表や，審議会などの会議の公開も実施することで，市の意思形成過程も含めた「情報提供」を進めています。全国市民オンブズマン連絡会議の「全国情報公開に関する調査」で，高い評価を受けています（P.66参照）。

(2) 職員が担当する情報提供

出前講座「どこでもトーク流山」（2010年6月開始）は，市職員が市民の元に出向いて行政に関する説明を行うものです。職員と市民が直接的に交流できる大切な接点活動です。市政に関わりの深い身近なテーマについて，市職員が説明し自由な意見交換を行います。

これにより，市政に関する市民の理解を深めてもらうとともに，行政の活性化を図り，市民自治による街づくりを推進することを目的にしています。職員が市民の生の声を聴くことで「新たなニーズ」の発見と市民意識の醸成にもなります。大きな効果があります。2017年度は，25回開催し，560人の市民の方が参画しました。

仕組み③市民ニーズ　現市民と将来市民のニーズを理解しています

2. 市民からの意見収集の仕組みを構築する

◆流山市市民参加条例での意見反映

　2012年10月1日に施行した流山市市民参加条例は，流山市自治基本条例第16条に規定されている市民等の市政への参加に関して，手続，その他必要な事項について定め，市民等の市政への参加を保障するためのものです。

　条例の「基本原則」では，市民参加は政策形成のできるだけ早い時期から行わなければならないと明記し，それは計画の立案，実施，評価，改善の段階における市民参加だけではなく，問題の発見，課題の設定の段階を意味するとします。意義ある有効な原則です。

◆市民の立場に立った条例内容

　さらに公開する情報についても，内容が市民等が読むことに大きな負担を感じるものは，概要など整理した資料を作成し同時に公表するとし，市民の使いやすさに配慮した市民起点の志向が貫かれています。この後にも，市の責務として積極的な情報の発信による共有，参加しやすい市民参加機会の提供，市民意見の反映と検討結果の速やかな公表などが明記されています。

　市民参加の方法については，下記の中から適切と認める複数の方法により行います。多様な方法で市民参加を促進しています。市民参加を徹底し，適切な方法で実施し，内容を真摯に受け入れる仕組みと体質があれば，これも市民起点の大きな成果に結びつきます。入口以上の出口はなかなか手にできません。

①審議会等の開催　　　　④公聴会の開催
②パブリックコメント手続　⑤政策提案制度
③意見交換会の開催　　　⑥その他の効果的と認められる方法

5-5 市民の評価を活用する

定住意識 総合計画の達成度と行財政改革の実現度で決まります

Point

市長は「市民満足度をあげていくためには、職員が行政はサービス業であることを自覚し、お客様の要望や不安の核心をつかみ対応していくことが必要」と指摘します。

1. 2つの調査の活用

◆転入人口と転出人口の比較

　人口減少時代の最重要なキーワードは「定住人口の確保」です。現市民が転出する地域を、他地域の人が移住先として選択することはありません。流山市では「より重要なのは広告・宣伝ではなく実態の質の向上」とし、現市民と協働して「住み続けたい街」、そして「人に薦めたい街」づくりに取り組んでいます。

　右図は流山市の総人口と転入転出人口の推移です。2012（平成24）年から2016年までの比較では、転出人口は微減、転入人口の増加が続いています。後半の3年間では、転入人口の増加が加速しています。これは流山市が、新行財政改革実行プラン（2005～2009年度）で、「効率的で市民満足度の高い行財政運営」の確立を掲げ、流山市行財政経営戦略プラン（2011～2015年度）では、「スリムな組織で市民に満足していただける行財政経営」の構築を掲げ、自己改革を通して「都心から一番近い森のまち」の総合計画の実施を担い、市民満足の向上に取り組んできた行政活動の成果です。

仕組み③市民ニーズ　現市民と将来市民のニーズを理解しています

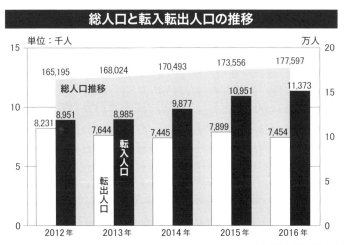

◆定住意識を変える構造

　人口増を実現している流山市の行政活動が，市民からどのように評価されているかを，先に紹介した「市民意識調査」と「まちづくり達成度アンケート」で確認します。

　2つの調査は，2000年に公表した総合計画の同じ施策体系を調査対象にしており，似た意図で調査内容が設計されています。そこでサービス・プロフィット・チェーンの視点で，2つの調査内容を定住意識と政策との関連から構造化するとP.155の図のようになります。

　人口の増減に影響する市民の「①定住意識」は，その街に対する「②愛着意識」，愛着はその街の「③住み心地」に影響されます。住み心地は，流山市の場合は，基本構想に定める「④6つの政策（施策の大綱と施策の推進方策）」から市民に提案される政策・公共サービスに影響されます。その政策・公共サービスの評価は，それを担う流山市の「⑤経営の仕組み」に左右されます。よって政策・公共サービスに関する市民の評価内容を検討し，その内容に応じて経営の仕組みを改善することで，市民の定住意識をさらに高めることができます。

2. 満足度からみた流山市の特徴

◆「市民意識調査」による定住意識分析（右図参照）

「定住意識の向上要因」を，「①定住意識」と「②愛着意識」「③住み心地」の関連で分析します。3要因の関連は影響の順序からすると，住み心地→愛着意識→定住意識になりすべて市民の評価です。行政が直接関与できるものではありません。関与できるのは「③住み心地」に影響する「④6つの政策」に関する市民の評価です。

3要因の関連を，市民意識調査の結果で比較検討すると，③住み心地に関する評価向上→②愛着意識の評価向上→①定住意識の評価向上と3要因が連動していることが分析できます。

2003（平成15）年と2008年の比較では，「③住み心地」が6.6％上昇しています。市役所が，様々な政策・公共サービスの提案を通して，市民満足を獲得してきたことが確認できます。井崎市長が市長に就任したのが2003年5月ですから，短い期間で政策に関する市民の満足度を引きあげたことになります。

しかし，「③住み心地（63.1％）」と「②愛着意識（72.2％）」の評価数値に9.1％の乖離があります。「②愛着意識」と「①定住意識（79.4％）」の評価数値に7.2％の乖離があります。ここから2008年の調査時点の①定住意識は，実質的な政策への評価による裏付けが弱い，期待値が含まれた定住意識と分析できます。

◆「まちづくり達成度アンケート」による定住意識分析

次に「まちづくり達成度アンケート」で2009年から2016年の調査結果を比較すると，「住み続ける（定住意識）」は4.7％上昇し，「住み心地」は7.4％の上昇です。「住み続ける（81.5％）」と「住み心地（79.5％）」の差は2％です。2009年と比較すると，市民の「定住意識」への評価とそれに影響する「住み心地」への評価の乖離が小さく

仕組み③市民ニーズ　現市民と将来市民のニーズを理解しています

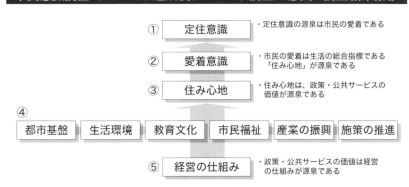

なり、「より強固な住み続ける意識」の形成が推測できます。

「住み心地」への評価は7.4％の上昇です。「住み心地」には各政策体系への達成率や満足度が影響します。これからすると、2009年から2016年の間の行政活動も市民ニーズを捉えた充実した内容であったことが推測できます。これはこの間に実施された後期基本計画（2010年度～）、行財政経営戦略プラン（2011年度～）、第Ⅰ期シティセールスプラン（2011年度～）などで、経営の仕組み構築とマーケティング活動が適切に行われたことを意味します。

◆代表項目と定住意識との関連

行政活動の総合指標としての住み心地（79.5％）、それに影響する「政策」の代表項目として「緑が多い（77.9％）」、影響する「行政活動」の代表項目として「市政に市民の意見が反映されている（70.0％）」

の推移と,「定住意識（81.5％）」との関連を分析しても,住み心地と2つの代表項目の指標の上下動と定住意識の上下動がほぼ連動しています。以上の動向をまとめると下記のようになります。

・定住意識の源泉は市民の愛着である
・市民の愛着は生活の総合指標である「住み心地」が源泉である
・住み心地は各政策の価値への市民評価が源泉である
・各政策の価値の適性度は経営の仕組みが源泉である

経営の仕組みを源泉とする,各政策↑→住み心地↑→愛着意識↑→定住意識↑の連鎖は,調査時の2016年の人口に,2009年比で19,171人の市民増を流山市にもたらします。各政策の価値の適性度に影響する経営の仕組みの重要性が理解できます。

重要成功要因 対象のニーズが把握できれば定住促進が可能に KSF

　流山市に「人口増」をもたらしている3番目の経営の仕組みは,以上の「市民ニーズの理解と信頼」の仕組みです。「誰に（対象にした現在と未来の市民に）」「何を（潜在ニーズへの対応を）」「どのように（特権を排した自己改革と最大限の情報公開で信頼関係を構築）」と実践し,市民の本音と協働を手にしました。政策の対象を特定する,潜在ニーズの把握を重視する,未来の市民も対象にした点に（KSF),流山市の非凡さがあります。

　組織存続の大前提は「市民のニーズに応えること」とするならば,次の課題はそのニーズへの対応になります。すると,「人口増」に貢献する4番目の経営の仕組みは,把握した市民ニーズに対応できる「全庁と各部の経営」の仕組構築になります。流山市はエビデンスをもってこれに挑みました。

仕組み③市民ニーズ　現市民と将来市民のニーズを理解しています

こうして流山市は人口増を実現している

第6章

全員経営を実践しています

- TOP DOWN
- MIDDLE UP
- BOTTOM UP

仕組み④経営

4番目の経営の仕組みは, 全員経営の仕組みです。トップダウンで経営の骨格を創り, ミドルアップで内容の充実を図り, ボトムアップで市民のニーズを組織内に取り込み, 市民起点の全員経営を実行します。

③市民ニーズの理解と信頼

①真摯なリーダーシップ

⑤市民起点の政策マーケティング

⑦市民との協働と共創

②ビジョン＆ミッション

④全庁と各部の経営（マネジメント）

⑥組織と職員の能力開発

（ ―流山市に人口増をもたらした7つの経営の仕組み― ）

6-1 全庁経営の仕組み：トップダウン

総合計画を施政方針・予算編成方針で着実に具体化します

Point

市民が求めるビジョンの実現を，日々の行政活動で具体化するには仕組みが必要です。変化する環境下での方向と戦略を示し，それを各部局と職員の計画と行動に展開して成果を確認する仕組みです。

1. 全庁経営（マネジメント）による環境対応

◆総合計画による環境変化への対応

行政計画の多くは，基本構想が10年〜20年，基本計画が5〜10年，実施計画が3年前後，個々の政策が1年といった計画体系です。

流山市でも，現時点では「流山総合計画（20年）」を最上の計画として，後期基本計画（10年）→それを財政見通しのもとで実現に向けて策定する中期的な実施計画（3年，3年，4年）→社会経済情勢の変化に的確に対応するための財政や人員を勘案した短期的な予算編成方針に基づいた年度計画（1年）とする計画展開です。

計画期間が長いことからその間に環境は大きく変化します。その変化に対応し目標の達成を可能にするには，機会を外さない実施計画への戦略的な方向付けと価値を創造する年度計画の仕組みが重要になります。それを担うのが全庁経営の仕組みです。井崎市長は大きい船（職員約1000人）の針路調整には時間がかかるため継続的な修正が必要とし，実施計画，年度計画でモノ（政策），ヒト（人材），カネ（予算）を常に変更，調整するとします。

仕組み④経営　全員経営を実践しています

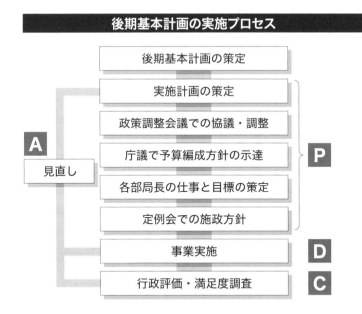

◆基本計画の具体化プロセス（上図参照）

　策定済みの後期基本計画の展開は，実施計画とその内容を環境変化に即して策定する年度計画の予算編成方針と施政方針で行います。年度計画は，この2つの方針に基づいて各部局が策定する「部局長の仕事と目標」で立案し（Plan），その実施内容（Do）を行政評価やまちづくり達成度アンケートを活用して評価し（Check），その結果は改善（Action）として，次の実施計画，年度計画に反映します。

　実施計画と年度計画に対する全庁経営の方向明示は，市長が主催する「庁議（月2回）」が最高意思決定機関として，市政の基本方針，予算編成方針，重要施策の方針と調整，各部局間の調整などを審議し決定します。

　庁議への付議事項については，事前に副市長が議長を務める「政策調整会議（月2回）」で協議・調整を図るとともに，全庁的に共有すべき課題の調整，各部局相互の連絡調整を行います。

2. 予算編成方針と施政方針による方向明示

◆予算編成の「基本方針」と「主要な観点」による方向づけ

　環境変化への方向明示である予算編成方針に明記される「(1) 予算編成に関する基本方針, (2) 主要な観点」の主旨は, 2009年から現在まで一貫しています。その内容には, 行財政改革の実行プラン, 戦略プラン, 改善プランと関連した3つの特徴と1つのロジックがあります。この関連性と徹底姿勢も流山市全庁経営の特徴です。

(1) 予算編成に関する「基本方針」の3つの特徴

　他行政の予算編成方針には, 財源確保や事業経費別方針の明記が多いが, 流山市の予算編成方針は, 予算編成を行う上での経営的留意点を下記の様に明記し, 予算は手段であることを明確にしています。

【特徴1】最小の経費で最大の効果を。より良い行政サービスをより少ない予算で行うとする組織体としての基本原則を明記。

【特徴2】部局の最高責任者として適切なマネジメントを行う。事業の更なる効率的・効果的な運営を行うといった経営（マネジメント）的要素を明記。

【特徴3】安定的かつ継続的な市民サービスを提供できるよう必要な事業を選択する。市民満足度を高め都市間競争をリードするといった市民起点（マーケティング）の要素を明記。

(2)「主要な観点」の効率性・効果性に関するロジック

　予算編成方針の「主要な観点」には, 庁内でよく聞かれる「効率性・効果性」に関するロジックが貫かれています。最初に,「各種条例の理念に沿った予算編成」と明記し, 行政の都合を優先するのではなく, 真に市民の立場に立った予算をと言い切る市民起点の観点が提示されます。その上で, 市民生活の安定と向上に資する地域ビジョン

仕組み④経営　全員経営を実践しています

の具体化である後期基本計画の主要事業に果敢に挑み，その際に，1つは効果性の観点から事業の精査（廃止，見直し，再構築等）を行い，新規要求についてはスクラップ＆ビルドを原則とします。

　もう1つの効率性の観点から，事業費の見積りにおいては，市民満足度に配慮しつつ，既存事業の仕様等を根本から見直し，事業の廃止，縮小，統合等を積極的に進めることとし，環境変化に対応した効率と効果による予算編成を徹底することを求めています。

　これは流山市が，行財政改革は総合計画を実現するための手段であるとしたように，予算も総合計画を具体化するための予算機能を活用した手段とし，政策の効率的（1円まで活かす市政），効果的（市民に役立つ行政サービスの提供）遂行を目指していることにあります。

◆施政方針と現場での方向づけ

　環境対応のもう1つの方法が，毎年の市議会第1回定例会で演述する施政方針です。施政方針は大別すれば，どのように施政を進めるか（HOW）と，何を行ったか行うか（WHAT）に分かれます。流山市のHOWには，市政に対する基本的な考え方，基本計画の意義，行財政改革推進の考え方，組織改革のねらい，マーケティング戦略への取組みなどが述べられ，次年度の全庁経営の方針，各部局経営への指針，職員の言動の基準として機能しています。形式的ではありません。

　井崎市長はこれ以外の日々の業務現場でも，例えば審議会の諮問や審議中の市の対応，分野別計画のスタート時や最終時，議会の答弁書の作成時，市長へのメールへの返答時などのそれぞれで，それは市民起点か，市民ニーズにあっているか，市や部局の方針や政策と整合しているか，分かりやすいか，上目線ではないかと繰返し検討します。

　こうした，環境の変化に市民起点の姿勢で，改革した経営の仕組みを活用して，着実に計画を練りあげて対応している組織には，「人口増」という成果が訪れます。

6-2 部局経営の仕組み：ミドルアップ

部長は市政を担う部の経営者です

> **Point**
>
> 全庁サービスでは実体がありません。福祉サービス，子育てサービス，教育サービスには実体があります。よってそれを担う各部局の成果が全体の成果になります。成果をもたらす部の経営力は重要です。

1. 各部局の目標と取組み内容の明示

◆「部局長の仕事と目標」の目的

全庁経営の目標や方針は，各福祉分野を担当する部局経営で具体化されます。目標達成の上限を決める部局の経営力の向上は，全自治体の最重要課題の1つです。流山市でも，各部局長を部局の最高責任者として位置づけ，各部局に人事・予算・組織に関する権限を段階的に委譲し，部局長，管理職の経営（マネジメント）力強化を行っています。

その具体的な取組みの1つとして，2007（平成19）年度から，市長と部局長との間で経営力向上のマネジメントツールの1つとして，下記を目的として「部局長の仕事と目標」を取り交わしています。

- ・政策議論を行い部局内の施策の課題と解決策を明確化する。
- ・結果を評価し次年度の予算に反映し戦略的行政経営を実施する。
- ・行財政改革に関する取組事項を設定する。
- ・内容を公開し市民への説明責任を果たす。

仕組み④経営　全員経営を実践しています

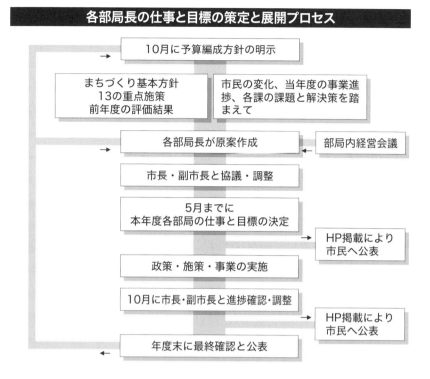

◆「部局長の仕事と目標」の手順（上図参照）
(1) 部局内経営会議での部局方針の伝達

　各部局では，毎年10月に示達される予算編成方針に基づいて，来年度の部局としての経営内容を検討します。

　各部局長は，部局内経営会議を開催し，予算編成方針の市の財政状況，編成方針，主な観点を伝え，各課の事業計画，各課の懸案事項，その他を検討し，重点的かつ効果的な実施計画の実施と行財政改革の推進を図ります。また部局の最高責任者としてリーダーシップを発揮し，部局職員が担う事業について，緊急性や必要性を再確認し，費用対効果を常に意識した部内の予算編成を進めます。

(2) 部課内での計画策定

基本計画のまちづくり基本方針，重点施策，前年度の行政評価の結果を踏まえて，当年度の事業の進捗などを考慮して部局内で課題の優先順位を検討します。それを受けて各課では，取り巻く内外の環境変化や市民ニーズ，進行中の事業の進捗動向を分析し課題を把握し，解決のための事業計画を策定します。

部局長は，各課の事業計画をベースに「部局長の仕事と目標」を策定し，全庁の政策調整会議で内容の検討や他部局との調整をしながら内容を煮詰めます。

年度末議会での市長の施策方針と予算議決後，当年度の活動内容を「部局長の仕事と目標」として策定し，市長・副市長との協議・調整を経て5月までに決定します。その内容は市のホームページで市民に公開します。

2.「部局長の仕事と目標」の策定内容

◆「部局長の仕事と目標」の意義

この「各部局長の仕事と目標」は，市のすべての業務を対象としたものではなく，重点管理の観点から，各部局長が自ら重要と判断した事業を選んだものです。よって設定では，部局長のマネジメントのもと，全庁の方針に基づいて市民ニーズへの対応，強みの発揮，競合優位の視点から，施策の事業化，目標設定，進行管理などを行います。

「行政運営」から「行政経営」への転換を目指す市としても，部局長が，組織の長としてのリーダーシップを発揮し，「モノ（政策）」「ヒト（人材）」「カネ（予算）」の効率的，効果的活用を通して，各部局の成果と部局内の活力の向上に期待しています。各部局組織の行政の経営者として位置づけられる各部局長にとって「部局長の仕事と目標」は，部局経営の年度の経営計画書になります。

仕組み④経営　全員経営を実践しています

◆「部局長の仕事と目標」の策定内容と記入実例（次ページ参照）

　部局長の年度経営計画書は他の自治体にもあります。ただその経営書の多くは「モノ（政策）」中心で，「ヒト（仕組みと人材）」に関する記載がないものもあります。これでは事業計画書になります。

　経営の要素としては「ヒト，モノ，カネ，シラセ」，やや詳しい要素として「リーダーシップ，市民，戦略，業務，人材，情報，成果」があります。経営計画書とするならば，これらについての計画も必要です。この点からすると，流山市の「部局長の仕事と目標」では，後半に「行財政改革」に関する内容を組み入れていることは評価できます。「経営（マネジメント）」に関する理解の浸透が伺えます。

　年度経営計画書である「部局長の仕事と目標」の骨格は，PDCAのサイクルです。「A：部局内における各課の主な仕事内容」で，現在担当している仕事の内容を記入後，PDCAのサイクルを回します。

- ・Plan「B：年度当初の課題とその解決策」：担当の仕事の課題を解決する計画案（何を行うか）の概要を記入
- ・Do＆Check「C：施策の取組内容」：課題を解決する計画の実施はどのような内容で「行うのか」，中間報告では「行っているか」，最終報告では「行ったか」を記入
- ・Check＆Action「D：施策の進捗と方向性」で目標の達成状況と今後の課題を記入

　「部局長の仕事と目標」の最後が，「E：流山市行財政改革・改善（カイゼン）プラン」の取組内容です。各部局がA〜Dで担う施策を実現する上で，配慮すべき共通の経営視点として位置づけた「市行財政改革・改善（カイゼン）プラン」の改革・改善項目の取組内容を表します。各部局内で，改革・改善（カイゼン）できる項目を選択し，取組内容を記入します。市民のためのより良い施策の実施には，それを可能にする改善による組織力のアップが必要とする考え方は「経営の思考」です。流山市に継続的な「人口増」をもたらします。

これをやります！部局長の仕事
流山市　平成　　年度　『総合政策部長の仕事と目標』　　**記入事例**

A：各課の主な仕事（各課長記入→部局長確認）

課名	仕事内容
マーケティング課	・流山市の知名度とイメージを向上させ，住宅都市としてのブランド力を向上させることにより，定住人口の拡大，特に30～40代の子育て世代の誘致を行います。…

B：年度当初の課題とその解決策（部局長記入）　　　　　　※Planです。

施策	担当課	課題とその解決策
施策	マーケティング課	・流山市が「住み続ける価値の高い街」と認知されるよう，更なる知名度とイメージのアップを図る事業を進めます。…

C：施策の取組内容（各課長記入）
施策5-1：商業の拠点づくりと地域密着型サービスの強化　　　※Doです。

取組内容	担当課	実施時期
2【市のイメージ向上と企業・住民誘致の推進事業】 1) 首都圏にお住いの「共働き子育て世代（DEWKS）」を主要ターゲットとして流山市のPR広告を実施します。…	マーケティング課	通年

中間報告　　　　　　　　　　　　　　※Check & Actionです。

実施状況	特記事項：課題と解決方法等
2【市のイメージ向上と企業・住民誘致の推進事業】 1) 11月に流山市の良質な住環境をイメージしたPR広告として「母になるなら，流山市。」の大判ポスターをJR主要7駅，東京メトロ8駅，及び…	

最終報告　　　　　　　　　　　　　　※Check & Actionです。

実施状況	特記事項
2【市のイメージ向上と企業・住民誘致の推進事業】 1) 11月に「母になるなら，流山市。」の大判ポスターをJR主要7駅，東京メトロ8駅，小田急新宿駅に1週間掲出し，東京メトロ千代田線及び…	各メディアを通じ，市の魅力を広く訴求できるよう効果的なPR方法を模索していきます。

仕組み④経営　全員経営を実践しています

D：施策の進捗と方向性（各課長記入）　　　　　　　　※Check & Actionです。

指標名	単位	取得方法	年度
常住人口	人	業務取得	
人口に占める	％	調査	

指標では表すことができない定性的な成果（各課長記入）

他自治体（近隣他市，沿線他市）と比較して優れている点・劣っている点（各課長記入）

今後の方向性（翌年度以降の取組・課題など）（部局長記入）

E：「流山市行財政改革・改善（カイゼン）プラン」の取組内容（各課長記入）
【プランに該当する指標一覧】該当する項目にチェックを入れる。

改革・改善項目	チェック
1.歳入確保・歳出削減に係る改革・改善 　（1）税，保険料，負担金等の設定・収納に係る改革・改善 　（2）税外収入の拡充 　（3）健全な財政運営の維持 　（4）公有財産の有効活用	
2.市民及び市民団体との連携・協働の推進 　（1）行政情報の発信充実 　（2）アウトソーシングの推進 　（3）産学官の連携 　（4）協働・連携事業の拡大充実	
3.事業の改革・改善，業務改善，職場改善 　（1）事業の改革・改善（カイゼン） 　（2）業務改善（カイゼン） 　（3）職場改善（カイゼン） 　（4）職員の育成	

実施内容

大項目	3.事業の改革・改善，業務改善，職場改善
小項目	（4）職員の育成
取組	・各課の業務における専門知識や技術等を習得する為，各種研修会や講座などへの参加を図ります。…
中間報告	・政策法務能力を向上させるため政策法務研修など庁内の各種研修会をはじめ…
最終報告	・行政課題研修として各課それぞれ以下のとおり，研修等に参加・講演会を開催しました。・茨城県の…

6-3 政策の現場までの展開：ボトムアップ
PDCAによる事業の現場展開です

◯Point

行政活動の結集である政策内容は，現場職員を通じて市民に提案されます。用意すべきは，職員の業務を支援する仕組みです。

1. 部局内の職員への展開方法

◆ヒット事業になる「駅前送迎保育ステーション事業」の場合

　市役所の成果は，個々の職員が接する市民と地域で生じる「良い変化」です。顧客の創造である「住む市民」「働く市民」「学習する市民」が増えているかです。これには組織力の発揮が必要で，全庁が目指す方向が，実行する各部局の組織，職員に明確に伝わり，個々の職員が組織力を活用して協働で事業計画を策定し，その実行の進捗と実績が適切に把握・改善できるPDCAの仕組みが必要になります。

　ヒット政策「駅前送迎保育ステーション事業」は，子ども家庭部の「部局長の仕事と目標（2007年度）」で，主要課題として位置づけされPDCAのプロセスで展開されました（事業の詳細はP.40）。

　(1) 事業の当初計画（Plan）
　流山市では2006（平成18）年度以降から徐々に人口が増え始め，待機児童数の増加が重大な課題として顕在化し始めていました。2006年度の待機児童数の目標は15人でしたが，実績値は33人になり，大幅な目標未達になります。

仕組み④経営　全員経営を実践しています

そこで，送迎用のバスを活用し，待機児童を定員枠に余裕のある市内のすべての保育所（園）に入所させる送迎保育ステーションの活用及び保育所施設整備事業を立ちあげ，待機児童ゼロを目指します。

　駅前送迎保育ステーション事業内容は「保育事業の地域的遍在等により異なる保育所（園）の入所者の均衡を図るとともに，待機児童の解消及び児童の送迎に係る保護者の負担軽減を図る」とします。

　2007年度の目標待機児童数を11人と設定し，その年の7月から，流山おおたかの森駅に隣接したビルに，民間主導による送迎保育ステーションを開設します。

（2）事業の中間達成状況（Do & Check）

　駅前送迎保育ステーション事業の利用は登録制を採用し，開設年の9月末時点の登録者（児童）数は47人（最終的には76人），延べ利用者数は312人でした。中間でこの実績を検討し，年度末に向けて目標達成を目指します。利用ニーズの再確認，事業内容や市民への告知方法などを検討し，即座の改善や来期計画への反映を計画します。

（3）事業の最終結果と対応（Check & Action）

　最終結果は，待機児童数が18人になり連続して目標未達になります。この結果を踏まえて事業の評価・改善を考えます。趨勢から人口増加は今後も続き，利用者の反応から保育所（園）への入所希望者数の急増が予測されることから，2008年度には，南流山駅前にも送迎保育ステーションの開設を計画します。同時に，中期的な人口増加予測から，南流山地域への保育所（園）の新設を検討します。

　こうした，問題把握からの課題の設定→部方針に基づいた事業計画の策定→事業実施実績の中間確認と改良→最終結果の予測と事業内容の評価・改善→次事業計画への反映，とするPDCAプロセスを活用し継続的に事業の市民ニーズへの適合性向上を目指します。

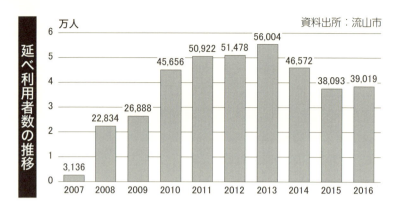

2016年度までの送迎保育ステーションの延べ利用者数の推移を見ると（上図参照），事業開始の翌年には2つの送迎ステーションの延べ利用者数が22,834人に，2010年度には45,656人と激増し，2013年度には56,004人まで増加します。市ではバスの増車と並行して保育所（園）の新設・増設で対応します。環境変化に伴う利用者のニーズを把握し，関係者の特徴を活かした協働的事業立案と，継続的改善活動による事業内容の向上が市民の支持を得るよき実例です。

重要成功要因 全庁経営→部局経営→職員の事業計画　KSF

　人口増要因の4番目の経営の仕組みは，以上の全庁経営→部局経営→職員の事業計画へと展開する仕組み（KSF）です。経営力によって街の発展が左右されるとする井崎市長は，最初にトップ主導で全庁経営の仕組みを構築し，続けてミドルアップの部局経営の仕組みを，そしてボトムアップの現場改善の仕組みを構築します。この経営の仕組み構築は，市長の経営業務を他に委譲することで，「流山市の3年，5年，10年先の未来を創る経営時間」を確保することでもあります。次の流山市に「人口増」をもたらしている5番目の経営の仕組みはマーケティングです。

仕組み④経営　全員経営を実践しています

こうして流山市は人口増を実現している

第7章

仕組み⑤価値

地域価値を
マーケティングで
共創しています

5番目の経営の仕組みは, マーケティングによる地域価値共創の仕組みです。当初, 一部の職員の抵抗にあいながらも, マーケティングによる着実な成功の積み重ねが, 組織をマーケティング志向に変えていきます。

③市民ニーズの理解と信頼

①真摯な リーダーシップ	⑤市民起点の 政策マーケティング	⑦市民との 協働と共創
②ビジョン& ミッション	④全庁と各部の 経営(マネジメント)	

⑥組織と職員の能力開発

（―流山市に人口増をもたらした7つの経営の仕組み―）

7-1 流山市のマーケティング体系

行政目線：プロダクトアウト
市民目線：マーケットイン
後者で政策を考えます

Point

　公共部門で働く人たちに最も見過ごされ，誤解されてきた分野の1つがマーケティングです。マーケティングは市民ニーズを満たし，本当の価値を届けたいと願う公共機関には，最善の計画を作成するための基本概念です（コトラー）[1]。

1. 流山市のマーケティングについての考え方

◆市役所はサービス業である

　井崎市長は，初当選後の臨時会で行政組織のあり方に言及します。「行政は納税者へのサービス業であり，提供する行政サービスが，市民に役に立つサービスとして提供されているかどうかは，流山市行政の存在理由の根幹の問題である。サービス業としての流山市行政を確立しなければならない」とします。

　その意図を井崎市長に確認すると「それは，市民が行政に伺いを立てるのではなく，行政が市民ニーズを把握しそれに応えること」と答えます。更にマーケティングとは何かを聞くと，「それは，『何を誰に』ではなく『誰に何を』と考えること」と答えます（右図参照）。

　これは，行政活動で行政の能力や都合を優先させる「プロダクトアウト」の言動から，市民のニーズを優先し，市民起点で政策の企画・創造・提案を追求していく「マーケットイン」へのまさに180度の転換を意味します。ここに流山マーケティングの1つの基点があります。

仕組み⑤価値　地域価値をマーケティングで共創しています

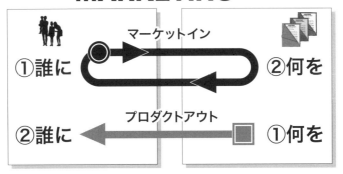

◆サービスの特徴

　サービス業には大きな特徴が2つあります。その1つは，顧客に提案する価値（サービス）に「形がない」ことです。もう1つは，市民への政策説明のように，生産と消費が同時であることです。よって事前に用意できる「カタチのあるモノ」を提案する組織とは異なった対応が必要になります。

　例えば「A型カメラ」は，誰が見ても「A型カメラ」です。事前に外形や性能を調べて購入できることから，顧客の事前の期待と実際の利用実感が一致することが多く，苦情も最少になります。マーケティング活動も比較的シンプルです。また事前に工場での生産が可能で，組織が保有するノウハウが盛り込めます。

　ところがサービスはカタチがないことから，顧客により理解が異なります。行政の政策説明では，職員によって説明内容が異なることもあります。さらに説明と市民の理解が同時であることから，担当者のその場の対応力などに影響されます。ここから，「前の人の説明の方が分かりやすかった」といった不満が出やすい価値の提供になります。

◆サービス重視の背景は市民志向に

　それでも，社会の潮流は，製品に付加価値をつける「製品のサービス化」が拡大しています。それは，顧客（市民）ニーズが多様になり，製品が複雑になると，「顧客（市民）との対話を通じて顧客（市民）の多様なニーズを理解し，必要な価値を製品（政策）から取り出して提案するサービスの機能」が求められているからです。

　例えば，市民が政策の概要だけを知りたい場合は概要の説明を，詳細を知りたい場合は詳細をといったように，個々に異なる市民ニーズに対応できる機能です。これが多くの企業が，製品に顧客起点の価値を付加する「製品のサービス化」に取り組んでいる理由です。

　つまりサービス業になるということは，「組織が提案したいものではなく，いつも市民の視点から見て，地域の資源，組織の強みを掘り起こし耕し育て，適時に提案できる組織」になることです。

　そこで不可欠になるのが，市民志向のサービスの本質を理解し，職員全員が市民ニーズを的確に把握し，形の見えない行政サービスの価値を，市民の動向に合わせて的確に提案できる力です。ここに井崎市長が就任時に導入した市民志向のマーケティングの概念とそれを実践するマーケティング体系の必要性があります。

◆資源を掘り起こし耕し育てる流山市

　井崎市長は，就任当初，「まちの住環境を良くし，市民がプライドを持てるようにし，選ばれるまちになることが，流山市に必要であると確信していた。しかし具体的な内容が明確にあったわけではなく，確信できた方向を，現在と将来の市民ニーズを考えながら，流山にある資源を，職員，市民と一緒になって掘り起こし，耕し育ててきた。今も考えている」と語ります。

　「都心から一番近い森のまち」の「森」も，当時の地元の人にとっては，不法投棄や痴漢に注意が必要な迷惑エリアでした。それを市民

仕組み⑤価値　地域価値をマーケティングで共創しています

ニーズや移住対象者のニーズを聴き出し，迷惑部分を除去し，そこから優良資源を掘り出し耕し「癒やしの森」にします。

　今でこそ観光客で賑わう流山本町も，以前は空き家が目立つ古びた通りでした。それを市民と行政が協働して市民と来街者のニーズを聴き取り再活用することで，2018年には約22万人が来訪するツーリズム資源に生まれ変わりました。

2. 市政へのマーケティング導入と成果

◆マーケティングの導入と始動

2003（平成15）年第1回定例会：マーケティング室を設置する

　井崎市長は，「私は，首都圏や日本，世界という市場の中で，流山が，『誰の』ために『どのような社会経済的価値』を創り出し提供するのかというマーケティング戦略と，戦略に基づく戦術を作り出す部署が市役所にも必要だと考えていました。しかし就任当時の市役所には，マーケティングという概念はありませんでした」と当時を振り返ります。

　そこで井崎市長は，流山の可能性を引き出すまちづくりを実行するため，2003（平成15）年10月に，市では全国初めてのマーケティング室を企画部に設置します。市政へのマーケティング概念の導入です。

資料出所：流山市

2004年の第1回定例会で「流山の可能性を引き出すまちづくりを適確にかつ効率良くなし遂げるため，私は企画部内にマーケティング室を昨年10月に立ち上げましたが，この4月からはこれをマーケティング課に昇格させ，流山のマーケティグ戦略を構築した上で，日本及び国際的社会経済の動向を見据えながら，企業・学術研究機関をはじめ，国際化に対応した機能や機関，個性的な教育機関等の誘致活動を本格化させてまいります」と決意を語ります。そして課長には，任期付職員公募で民間人を採用します（前ページ図参照）。

　しかし，このマーケティング導入は，一部の職員から「そのカタカナ手法は必要があるの？」といった抵抗にあいます。そこでこの認識不足を解消するため，市長自身も講師になってマーケティングの研修を行い，危機と問題意識を共有する努力を続けます。この年の市の人口数は150,703人です。

2005（平成17）年第1回定例会：本格的に始動する

　市長就任3年目の「TX開業の年」である2005年の第1回定例会の冒頭，「今までどおりの手法や考え方では，これからの時代を乗り越えることはできない」と演述します。そして，「マーケティング課は，平成17年8月のTX開業を契機とした流山市ならではの特性や流山市のもつポテンシャルを把握した上で，社会ニーズ，企業ニーズに応えるプログラムを構築し，流山市内外に強くアピールするプロモーション活動を展開してまいります」と語り，マーケティング活動の本格的始動を宣言します。この年の市の人口数は150,910人です。

◆マーケティングが着実に成果をあげる

2009（平成21）年第1回定例会：注目を集めるようになる

　市長就任6年目の2009年第1回定例会では，「現在本市は，『流山

仕組み⑤価値　地域価値をマーケティングで共創しています

の可能性を引き出すまちづくり』の具体的な手法としてマーケティング戦略に基づき，様々なイベントや広報活動を通して，本市を『都心から一番近い森のまち』としてアピールし，注目を集めるようになってまいりました。

しかし，首都圏には，知名度の高いライバルとなる自治体も多く，都市間競争をリードするために本年度は，新たにマーケティング課内にシティセールス推進室を立ちあげ，室長と報道官を民間から採用し，さらに一段ステップアップしたマーケティング活動を行っていきたい」と演述します。流山市のマーケティングによる競争戦略です。この年の市の人口数は158,426人です。

2013年第1回定例会：合計特殊出生率が県内2位になる

市長就任10年目の2013年の第1回定例会では，「マーケティング戦略によるイメージアップを目指してシティセールスプランによる知名度のアップと都市イメージ力の向上に取り組んでまいりました。その結果として2012年4月における人口構成は30代が最も多くなり，また，『合計特殊出生率』は2011年度で全国平均1.32を上回る1.49まで上昇し県内2位となりました。

今後も自治体経営の視点でマーケティング戦略を推進し，流山の長寿社会を支えて頂くことにもなる，子育て世代の方々から選ばれ，支持される流山市を構築するために，最善の努力をしてまいります」と力強く述べます。この年の市の人口数は168,024人です。

2016年第1回定例会：流出経済から流入経済へ

市長就任13年目の2016年第1回定例会で，地域経済の活性化に関して，「これまで展開してきたさまざまなマーケティング戦略や，ツーリズム施策の効果が交流人口の増加につながり，以前は『人』・『モノ』・『お金』が市外へ流出していましたが，近年は市外からの多

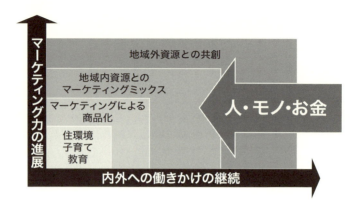

くの買い物客やイベントの集客により，賑わいを見せるようになりました」と述べます（上図参照）。

　これは流山市以外からの資源が市内に還流することになり，市内需要の拡大と地域経済を豊かにする大きな効果があります。

　しかし浮かれてマーケティングの本質を見失うことはありません。井崎市長は「最も重要なのは，実態を良くすること」と語り，担当者も「マーケティングというと広告・宣伝に注目が集まりがちですが，いまの世の中，広告・宣伝だけで人口が増えることはありません。住環境，子育て，教育を中心とした政策による『住みやすいまちづくり』の環境が現実化し，そこから広告・宣伝と良い連動効果が生まれたのだと思います。『何か秘策があるのか』とよく聞かれますが，10年をかけて少しずつ変化を積み上げてきた結果」とします。この年の市の人口数は177,597人でした。

3. 流山市のマーケティング体系は？

　現在の流山市には，シティセールスプロモーションの体系はあるものの，政策形成で使用する統一的なマーケティング体系は，まだ整備していません。市長もマーケティングの理解はまだまだとします。

仕組み⑤価値　地域価値をマーケティングで共創しています

しかし現場にはマーケティングの考え方や体系を活用した取組みが多く見られます。例えば，「市民の声が市政に反映されていると感じる市民の割合が70%（28年度まちづくり達成度アンケート）」の調査結果から読み取れるニーズ把握と政策形成への展開力，市内を緑あふれる景観に変えているグリーンチェーン戦略に見られる都市整備部のインサイト（市民を動かす洞察，潜在ニーズ把握）力，共働き子育て夫婦を魅了した「駅前送迎保育ステーション事業」での子ども家庭部の市民密着力，上位10個のイベントで40万人を動員するシャープな総合政策部の企画力，市HPの採用試験情報のページに，「私たちと一緒に，市民のありがとうを創りませんか」を掲載する総務部の発想には，マーケティング志向の浸透効果が見てとれます。

流山市のマーケティング活動には，マーケティングの父であるコトラーが提唱した，選択と集中のマーケティング体系であるSTPマーケティング[2] の要素があります。この体系は，民間のマーケティングでもソーシャルマーケティングでも使用されている体系です。これからの政策形成には不可欠な体系です。

重要成功要因 これまでの行政マーケティングの常識を覆す実例

「市民増」で代表される流山市の躍進には，井崎市長が指摘する「世の中にあって日本の役所にないもの」としたマーケティングの導入とその活用（KSF）が貢献しています。

対象市民を特定し，そこに資源を集中するマーケティングは，税金の使途に常に公平性が求められる行政組織には，適さないとされてきました。流山市の取組みは，この「行政の硬直的な常識」を覆す，マーケティング適用の有効性を示す実例になります。

7-2 マーケティング課の役割とシティセールスプラン

独自価値 人が増え続けるまちから人が減らないまちへ

> **Point**
>
> 対象を共働き子育て世代に絞ることも，現事業を廃棄してその資源を特定事業に集中することも，事業を各駅の大型ポスターで知らせることも，当時の行政ではすべて例外的なことでした。

1. マーケティング課の役割と活動内容

◆マーケティング課の業務内容

　マーケティングは民間企業では，製品の開発から販売後のアフターサービスまでの活動に適用されるごく普通の体系と手法です。これを公共機関に適用したコトラーは，「公共機関は，その使命や問題解決，成果に対して，もっと意識的にマーケティングに取り組み，その発想を取り入れればより大きなメリットを期待できる[3]」とし，その体系も明らかにしています。マーケティングを活用している流山市のHPでは，マーケティング課の業務内容を下記のように明記します。

- 市の知名度アップ，イメージアップを図るとともに市のブランド化を推進するため，市の魅力を市外，特に首都圏を対象にしてPRする。
- 都市間競争を意識した市の魅力ある情報を発信することにより，子育て中の共働きファミリーの定住化を促進する活動を行う。
- これらの取組みを魅力あるイベントの実施や，各種の情報メディア・ツールを駆使して推進する。

仕組み⑤価値　地域価値をマーケティングで共創しています

◆マーケティング導入のポイント

　井崎市長は就任時，当時の市役所の政策や体質では，少子高齢化の中で市民サービスを維持することができなくなると考え，現状の継続ではない，市民の視点から発展し続ける仕組みが不可欠と判断します。その1つがマーケティングでした。

　そのマーケティングの導入に関して井崎市長は，「私は，職員が未経験なことを始める際には，計画策定を急がず，経験や知恵を蓄積することが重要と考えています。2004年にマーケティング課を設置した時も，2011年のシティセールスプラン策定までは，計画をもたずにやれることから取り組みました。計画は作成する時点での担当職員の情報量と問題意識で決まります。そのため職員の経験が少ない施策は，ある程度まで計画を持たずに取り組み，市民も議会もその必要性を認識する段階に達してから，計画を策定する方が効果的です」とします。

　組織に成果をもたらすマネジメント，政策に成果をもたらすマーケティングの土壌もないのに，流行の成功事例の導入で改革したとする改革方法は意義も効果もありません。無用の業務が増えるだけです。

◆行政におけるマーケティングの役割と威力を証明する

　流山市のマーケティングは，あらゆる対象をターゲットにするマス・マーケティングではなく，世代循環を可能とする人口増を実現するために，都内で働く共働き世代をターゲットにしたマーケティング戦略です。これはターゲットとしての顧客を設定し，その顧客のニーズを取り入れた製品を開発し提案する，企業のターゲット・マーケティングと同じです。

　このマーケティング活動を「市民誘致」といった視点からみると，その成果には目を見張るものがあります。行政におけるマーケティングの役割と威力を証明したものともいえます。

◆リーダーの任期とマーケティング的活動の変遷（右図参照）

【1期目】流山市は，2003（平成15）年に「マーケティング室」を創設し，市のマーケティング戦略を開始します。都市イメージを「都心から一番近い森のまち」とし，中心ターゲット層を「共働き子育て世代」に設定し「住・子育て・教育」の各政策を展開します。

2005年にはTXと連動した市内循環交通の「ぐりーんバス」がスタートします。翌年には住環境政策の柱である「グリーンチェーン認定制度」が開始され，2008年の景観条例，2010年の開発事業の許可基準等に関する条例，2012年の街づくり条例，2018年には広告物条例の上程予定と続き，良質の住環境形成に貢献します。

【2期目】2007年に「送迎保育ステーション」を流山おおたかの森駅に，翌年には南流山駅に開設しヒット事業になります。街並が整備されるとドラマやCMの撮影が多くなります。イベント動員数も増加します。2009年には都内の各駅に「ボクは送迎付き（秋葉原駅のみ）」「2010年：母になるなら，流山市。」「2011年：学ぶ子にこたえる，流山市。」の大型ポスターを掲載し流山市の知名度を高めます。人口増への対応として保育所の新設がスタートします。

【3期目】2011年には「第Ⅰ期シティセールスプラン」を策定しマーケティング活動が本格化します。同年に流山本町・利根運河ツーリズム推進室を設置し，「流山本町江戸回廊」「オランダ遺産・利根運河」キャンペーンに着手します。2012年からは，市内中学全校に「ALT」を，小学校にはネイティブのスーパーバイザーを配置して外国語教育をサポートし教育面での強化を行います。2013年にはシティセールスプロモーションマネージャー等を募集します。

【4期目】2016年には合計特殊出生率が1.57になり県内2位になります。イベント動員数も年間39万人を記録します。第Ⅱ期シティセールスプランを策定し，新しい環境変化に備えます。

仕組み⑤価値　地域価値をマーケティングで共創しています

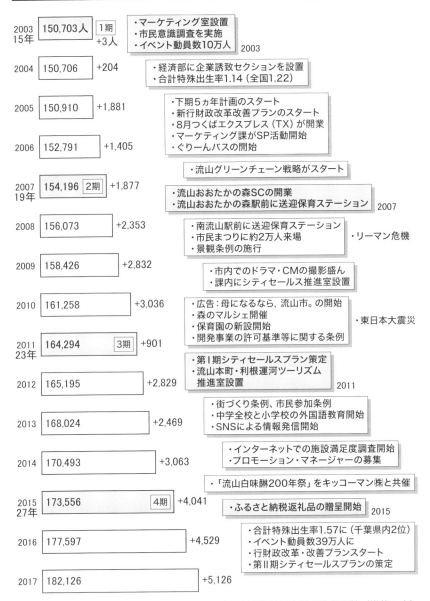

2. 第Ⅰ期からⅡ期へのシティセールスプラン

◆第Ⅰ期の総括は「一定の成果があった」

　流山市は，シティセールスプランを「この街を一人でも多くの市外の方に知っていただき，訪れて，住んでいただくためには，どうしたらよいのかをまとめたもの」とします。第Ⅰ期のシティセールスプランを井崎市長は「一定の成果があった」と総括し（下記参照），新たな課題解決に向けて第Ⅱ期のシティセールスプランを策定します。

第Ⅰ期シティセールスプランの目的と成果（2011年〜2015年）	
	内　容
総括	市長：一定の成果があった
人口の増加 ・市民の増加 ・交流人口の増加	●DEWKSの誘致・定住人口の増加：着実な成果 　・市民の増加／2011年 164,294人→2015年 173,556人 　　：9,262人の増加 　・人口構成比率　2011年　　2016年 　　　0〜 9歳　　　9.5%　　　10.3% 　　　30〜49歳　　30.5%　　　31.6% ●交流人口の増加 　・2011年 23万人→2015年 45万人：着実に増加
知名度	●知名度とイメージの向上に満足する人の割合が倍増 　・2011年 8.4%→2015年 18.2%：知名度とイメージは向上（まちづくり達成度アンケート）
SNS ・情報交流人口の増加	●SNSで情報交流人口の増加：評価が得られている 　・Facebook いいね数　2011年　　2015年 　　森のまち　　　　　　　0　　　1,893 　　フィルムコミッション　0　　　2,995
課題	●流山市ブランドの確立はこれからの課題

　シティセールスプランの推進については，マーケティング課が情報の集約を行い，企画，プロモーション等を実施します。具体的な推進においては，案件ごとに，市民，NPOや企業，団体などの外部組織及び庁内各部署との連携や協力を図ります。ネット等を利用して，推進協力者の募集，課題等に関する情報収集も行います。

仕組み⑤価値　地域価値をマーケティングで共創しています

◆第Ⅱ期のシティセールスプラン（2016年12月公表）の内容

　市では，「住み続ける価値の高いまち」としての流山市のブランド構築を推進するために，その活動指針として第Ⅱ期シティセールスプランを策定します（次ページ図参照）。特徴は5つあります。

特　徴

①使命を明確にし先を予測し課題を明らかにしている：シティセールスの使命は「流山市」というブランドをつくることである。

②「重要成功要因（Key Success Factor）」を明記する。

③ベネフィットとポジショニング・メッセージの関係を明記する。

④ブランド確立への体系的なアプローチ（効果階層モデル：P.187参照）を採用する。

⑤成果の測定方法を用意する。

課　題

　人口ピークを2027年頃と予測します。このため人口の減らないまち，減りにくいまちづくりの実現が不可欠とし，「住み続ける価値の高いまち」としての流山市ブランドを，競争優位性ある独自のブランドにすることが最大の課題とします。

ベネフィットとポジショニング・メッセージの関係

　1.緑視率の高い良質な住環境＝「都心から一番近い森のまち」

　2.充実した子育て・教育環境＝「母になるなら，流山市。」

　3.市民の知恵と力が活きるまち（今後策定）

　この3つのベネフィット（市民にとっての便益・利点・価値）を情報発信の題材にし「住み続ける価値の高いまち」への独自の進化を目指します。

第Ⅱ期シティセールスプランの概要

	内　容
使命	流山市というブランドをつくる
KSF	明確で一貫性のあるポジショニングと情報発信力強化による知名度とイメージの向上に加え，次の時代に必要な新しい施策（新しい魅力の創出）を開始すること
課題	2027年頃に人口ピークを迎える流山市には人口の減りにくいまちに向けての環境づくりが不可欠，都市ブランドとして競争優位性ある流山市ブランドを確立することが最大の課題
目標	人口の減りにくいまち＝住み続ける価値の高いまち
対象	首都圏のDEWKS（Double employed with kids，30歳代〜40歳代の共働き子育て世代
ベネフィットポジショニングメッセージ	1.緑視率の高い良質な住環境＝「都心から一番近い森のまち」 2.充実した子育て・教育環境＝「母になるなら，流山市。」 3.市民の知恵と力が活きるまち＝（今後策定）
手法	・効果階層モデルに基づくアプローチ（右図参照） ・精緻なマーケティング戦略
適用手段	①【認知獲得から興味・関心喚起】 　首都圏向け広告・ウエルカムガイド ②【興味・関心喚起から比較・検討】 　PR，（媒体パブリシティ），SNS ③【比較・検討から体験を通じた転入意向形成】 　シティセールスイベント ④【転入から熱烈ファン層】 　シビックプライドの醸成 ⑤【流山市ブランドをより高い位置に＝新たな次元】 　グッドデザインシティ
結果の把握	・首都圏対象に定量のWeb調査を導入し，「認知率」・「興味・関心度」・「比較・検討率」・「転入意向率」などを活用して1年間のPDCAサイクルをつくる ・まちづくり達成度アンケートと転入者アンケートは継続

流山市　第Ⅱ期　シティセールスプランをもとに筆者作成

方　法

効果階層モデルに基づく体系的なアプローチ（右図参照）で，さらに精緻なブランディング戦略のもとで事業・施策を実行します。

仕組み⑤価値　地域価値をマーケティングで共創しています

流山市ブランドの確立：マーケティングロジックの活用

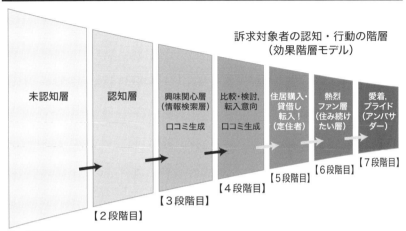

対象と効果階層モデル	アプローチ内容
【1段階目】 流山を知らない方	平成21年度から大型ポスターによる首都圏駅PR広告を開始し，テレビや各種メディアを積極的に活用した情報発信を行う。
【2段階目】 流山市について聞いたことはあるが良くわからない方	
【3段階目】 流山市に興味がある方	メインターゲットであるDEWKSの興味をひくイベントを開催し，流山に訪れて流山の良さを感じていただく。
【4段階目】 流山市にひかれ住みたいと思う方	シビックプライドの醸成のきっかけとなる機会の提供を，子育てを楽しみながら自己実現もしたい女性を応援する「そのママでいこうプロジェクト」の企画や，女性向け創業スクール修了生のワークショップの開催を通して行う。
【5段階目】 流山市が好きになって市民になった方	
【6段階目】 流山市をより良くしたいと思う方	よりシビックプライドの醸成を深めるために，オープンデータを活用した市民による市の良さや愛着度をプレゼンテーションで競う「シビックパワーバトル」などへの参画や，更に流山をより良く，楽しくする活動を企画し行動しようとする方には，その活動を応援する。
【7段階目】 より良くしたい思いを行動で実践し，その活動を通して流山の良さを発信する方	

流山市　第Ⅱ期　シティセールスプランをもとに筆者作成

◆HPを通じた顧客（市民）接点重視のマーケティング活動

　マーケティング課では，市のHPを活用して市に関する情報を積極的に提供しています。参考にすべきマーケティング活動です。例えば，トップページの「流山市の魅力」の内容は下記のように，来街者や移住を考えている人には参考になる情報が満載です。

　①市長からのメッセージ
　②流山を知るならこの一冊（流山市ウエルカムガイド）
　③流山の人の魅力を冊子にしました
　④流山市フォトギャラリー（市内の自然，施設，イベントの紹介）
　⑤観光・歴史（流山のおすすめの観光スポットの紹介）
　⑥ロケ地の街流山（撮影地の紹介や撮影の様子）
　⑦住んでよかった流山（流山市にお住まいの方のお話し）
　⑧流山市を知るならココ！（流山市に住み続けたい理由，流山市は都心まで20分，緑あふれる住環境，人口増加中，ホントに欲しい子育てサポートを）

　流山市に興味のある人がアクセスする際に求める情報が揃っています。顧客志向です。これらを閲覧するだけでも，流山市がどのような街であるかが理解できます。

　特に，②「流山市ウエルカムガイド」（右図参照）と⑦「住んでよかった流山」には，実際に住んでいる市民と最近移住してきた市民の様々な感想がご本人の写真付きで掲載されています。移住を考えている人，移住を決めかねている人には，それを解決する有効な情報になります。アクセスする人の心理を考えた

資料出所：流山市

仕組み⑤価値　地域価値をマーケティングで共創しています

内容になっています。HPは外部の人が容易にアクセスできる媒体です。ここで失敗したら顧客はその先に進むことなく，クリック1つで他に移ります。顧客（市民）接点重視のマーケティング志向の意義がよく理解できます。参考になる実例です。

3. マーケティング課のこれからの課題

◆シビックプライドを育てる

　マーケティング課の目標は，知名度と認知度の向上，住みたいまちの実現から，現市民を維持し新市民を最適に迎え入れる「住み続ける価値の高いまち」へと進化しています。

　流山市は，地域の外に向けた政策で移住者を増やした後は，ただ市内で生活するだけではなく，市民としてまちに誇りをもち，市民一人ひとりが，まちに対して主体的に関わりながら，定住できるようにしたいと考えています。流山市は，これからは，このような市民の当事者意識を醸成し，まちへの関わりへの動きを促進する「シビックプライド」を育てる段階に入るとします。

資料出所：流山市

◆市は応援します

　市長は「流山市は，市民が誇りと歓びを感じるまちを目指しています。『シビックプライド（Civic Pride）』は，その土地の出身でなくとも，そのまちを気に入りそこに関わるさまざまな人たちが自覚する誇りと歓びです。『このまちのここが好き』から進化して『このまちを

もっとこういうまちにしたい』という積極的な意思が生まれ具体的な活動になる。流山市ではさまざまな機会を捉えて，自分自身が関わって地域を良くしていこうとする目に見えない"気持ち"を応援していきます」とします。

重要成功要因 流山市は特殊な成功実例ではない KSF

　流山市人口増の5番目の経営の仕組みは，以上の「マーケティングによる地域価値共創の仕組み」です。流山市の「人口増」は，マーケティングという当時の市政には未知の方法論を取り込んだリーダーシップのもと，「共働き子育て世代から選ばれる街」を目指す明確なマーケティング戦略，対象とした「共働き子育て世代」のニーズにあった「住環境・子育て・教育」に関する政策の立案，それを，街のコンセプトを的確に伝えるコミュニケーション戦略で，積極的に対象にアプローチした取組みにあります。これをスタッフとして先導したのが「マーケティング課」です。

　井崎市長は，「これは特別の取組みではありません（KSF）。大事なのは何（WHAT）を実施したかではありません。常に市民起点で，どのよう（HOW）に考え，どのよう（HOW）に計画し，どのよう（HOW）に実施し，どのように（HOW）市民のための成果をあげたかです」とします。

　この知見を活用しなければなりません。HOWの成功実例に学ばなければなりません。市民は多様です。であれば，WHATから考えるのではなく，HOWから考えなければなりません。

　次の流山市に「人口増」をもたらしている6番目の経営の仕組みは，このような市民起点の仕組みを担える組織と人材の開発の仕組みです。

仕組み⑤価値　地域価値をマーケティングで共創しています

こうして流山市は人口増を実現している

第8章

仕組み⑥人材

市民起点の組織を担える人材を育成しています

6番目の経営の仕組みは, 組織の成果は能力発揮の総和とする考え方と仕組みです。流山市は職員を無限の可能性を持ったかけがえのない財産とし, 少数精鋭主義で市民起点の組織を担える人材を育成します。

③市民ニーズの理解と信頼

①真摯な
リーダーシップ

⑤市民起点の
政策マーケティング

⑦市民との
協働と共創

②ビジョン＆
ミッション

④全庁と各部の
経営（マネジメント）

⑥組織と職員の能力開発

（―流山市に人口増をもたらした7つの経営の仕組み―）

8-1 流山市の人材育成

総合計画を担え行財政改革を実践できる職員を育成します

Point

総合計画と行財政改革の関連，そこに人材育成計画の考え方，体系，内容が適合している組織には必要な人材が育ちます。

1. 人材育成に関する考え方と立案方法

◆人材育成の考え方

組織は人の協働体です。よって組織が環境の大きな変化に対応しながら，市民が望む良質な政策・公共サービスを提供していくには，職員の能力開発と自己変革を促し，経営感覚，市民感覚，コスト感覚に優れた職員を育成することが求められます。

特に，隣接自治体との競合関係から，地域の個性を引き出す政策立案能力が問われる流山市では，上記の3つの感覚に加え，より専門的な知識と技能，創造力といった能力要素が，総合計画の内容を実現するに重要な役割を果たします。

井崎市長は，少数精鋭の職員でより市民満足の高い行政サービスを提供していきたいとする経営志向から職員を，「私は，施策の実現には，職員がその分野の豊富な知識と経験を活かし，市民ニーズを的確に踏まえ，その施策が目的を効果的に達成するかどうかを考え行動することが重要であると考えています。職員は，大きな可能性を持ったかけがえのない財産です」と位置づけます。

さらに職員に求める主要な能力として，「職員には，市民の声を直

仕組み⑥人材　市民起点の組織を担える人材を育成しています

接伺いながら課題を発見し，これまでの前例や固定観念にとらわれない，新たな取組みを生み出すためのさらなる意識改革や『創造力』が必要です」とします。市民起点の創造力は人口減少時代の地域経営には欠かせない人材要因です。

◆「流山市人材育成基本方針」制定の背景と目的

　流山市は，2011年3月に「流山市人材育成基本方針」を公表します。この背景には，外部要因としては，TXの開業への環境対応，簡素で効率的な行政経営の確立，市民参加や協働によるまちづくりからの要請があります。内部要因では，2009年4月の「流山市自治基本条例」の施行，2010年3月に「総合計画後期基本計画」を策定し，新たなまちづくりに踏み出したことです（下図参照）。

　職員には，市民自治によるまちづくりを柱にした，総合計画の実現を目指す役割がより一層強く求められました。

　そこで，職員の意識改革と政策形成能力の向上を目指す「流山市人材育成基本方針」を策定し，流山市の求める人材像を明確にします。計画では，総合計画と行財政改革との連動を重視した，「市民が望む行政サービスの提供には，職員の行動変革と能力開発を促し，経営感

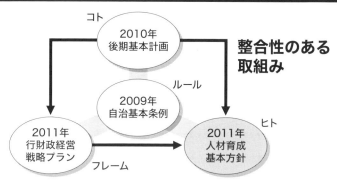

覚に優れた職員を育成することが必要」とその目的を明記します。自治基本条例（自治の基本原則：ルール）→総合計画（市民に提案する価値：コト）→行財政改革（それを実現する体制：フレーム）→人材育成（体制で働ける人材：ヒト）とする経営の体系が明確です。

　内容は，「自治基本条例」に基づく役割を確実に実践し，市の最上位計画である「総合計画後期基本計画」の実現を担う職員であることを目的として目指す職員像を明らかにしたもので，これからの人材育成のための基本方針です（次ページ図参照）。

　策定にあたっては，新しい基本方針の基礎資料とするために職員アンケート，自治会長を対象とした市民アンケート，広報やホームページを通じて市民からの意見募集を実施しました。また，目指す職員像については，若手職員17名で構成された行財政改革実行プロジェクトチームの意見を取り入れています。

◆流山市が求める職員像

　流山市の自治基本条例に基づく役割を実践し，総合計画後期基本計画の実現を担う職員像を，「流山を愛し，流山市民の幸せのために行動する職員」と設定します。

　流山市職員が目指す職員像の要素を，4つの側面（4C：Citizen, Compliance, Challenge, Cost）で構成し，その具現化のために求められる能力を，①流山を愛する力から，⑧市政のマネジメント能力までの8つにまとめます（次ページ図参照）。

　4つの側面の最初はCitizenです。市民の視点を持ち，地域社会の一員として，協働によるまちづくりを推進する職員であることを先頭の要素とします。

　2番目はComplianceです。コンプライアンス意識を持ち，誠実に職務を遂行し，市民から信頼される職員を目指します。法令遵守はもちろんのこと，信頼され市民と協働して仕事ができなければ，行政組

仕組み⑥人材　市民起点の組織を担える人材を育成しています

流山市人材育成基本方針と総合計画、自治基本条例との関連

流山市総合計画の実現

自治基本条例
—市民自治の普遍の原則—

目指すべき職員像（4C職員）
流山を愛し、流山市民の幸せのために行動する職員

	Citizen	Compliance	Challenge	Cost
職員像	市民の視点を持ち、地域社会の一員として協働によるまちづくりを推進する職員	コンプライアンス意識を持ち、誠実に職務を遂行し、市民から信頼される職員	社会状況の変化に迅速に対応し、新たな課題にも取り組むチャレンジ精神のある職員	コスト意識・経営意識を持ち、的確な判断や行動ができる職員
能力	①流山を愛する力 ②市民の立場で考える力	③市民への責任力 ④職務に関する知識力	⑤やる気と熱意のある実行力 ⑥将来を見通した判断力	⑦柔軟な発想 ⑧市政のマネジメント能力

織で働く意義が失われます。

　3番目はChallengeです。社会状況の変化に迅速に対応し，新たな課題にも取り組むチャレンジ精神のある職員を示します。新しいまちづくりを志向している流山市の職員には不可欠です。

　そして最後がCostです。コスト意識・経営意識を持ち，的確な判断や行動ができる職員像を目指します。

　この目指す職員像に向かって，また，そのために求められる能力を培えるよう，具体的な方策を掲げます。そのコンセプトは，「相応しい人材を確保し，しっかりと育成し，効果的な人事管理・活用を進め，総合計画の実現を目指す」と明解です。

　そのため，「確保」→「育成」→「活用」→「組織づくりと意識改革」の人材育成体系を構築し，4C職員の育成とスリムで効率的な組織づくりを推進し，流山市の求める職員像を具体化します。

8-2 人材育成の仕組み

多種・多彩な人材を
採用・配置・教育・評価します

Point

同じような人材では，個々の特徴や強みを活かす組織の本質を損ないます。多様で多彩な人材を適所に配置し個々の能力を引き出します。

1. 組織能力を強化するための人材育成方法

人材育成では，個々の職員の専門性を生かしながら，組織目的に向かって主体的，創造的に，組織の業務能力を高める環境づくりが大切です。人材採用から処遇までの仕組みや制度が，組織目的と一貫性と整合性をもって展開できることが必要です。

◆4C職員を育成する組織づくり・意識改革
　組織の目的であるまちづくりの理念や目的を理解して業務を行うことは，組織活動では当然のことであり，職員本人のモチベーションにも良い影響を与えます。この徹底が形式的な自治体があります。理念なき組織と人は真摯さを軽視します。流山市は下記に取り組みます。
　(1)「流山市自治基本条例」及び「流山市総合計画」の理解浸透
　(2)　市民主体意識の徹底
　(3)　自治体経営への職員参加
　職員全員でより良い自治体経営をしていくに必要なまちづくりの基本理念である「流山市自治基本条例」「流山市総合計画」についての理解と定着を徹底します。外からは見えない頭の中で政策を企画する

仕組み⑥人材　市民起点の組織を担える人材を育成しています

サービス業の行政組織とそこで働く職員には，基本理念や考え方の浸透は重要で不可欠なことです。

市民自治や市民との協働の必要性を理解し，市職員からの積極的な市民との交流，市民の意見を聴く機会を充実します。

自治体経営は市役所の幹部だけではなく，職員と多くの市民の参加のもとで行います。流山市では，ミドルアップ，ボトムアップの経営実践で，職員が自治体経営に積極的に参加する機会を拡充します。

◆多種で多彩な人材の確保

次は組織の目的を担う人材の確保です。組織の成果を決めるのは人です。組織は人の能力発揮の上限を超えて成果を手にすることはありません。可能な限り，多種で多彩，意欲ある，他を刺激する，適切な人を職員として採用します。

（1）採用試験制度の充実

（2）有識者・実務経験者の職員採用

（3）採用年齢要件等の拡大

現在の行政課題に的確に対応し，同時に新たな行政課題にも対応できる職員を確保するためには，より多様な人材の確保が基本です。さらに即戦力として，特定分野で能力を発揮できるプロフェッショナルの採用にも力を入れます。

流山市では，多種・多彩な人材を確保するため，採用試験は，「知識重視」から「総合的な人物評価を重視」に移行しています。その上で，行政を取り巻く環境変化，特に市民ニーズの多様化，複雑化，高度化への対応として，民間企業等で培った専門知識・技術等を有する実務経験者の採用・活用を行います。具体的には，3人のマーケティングの専門家（マーケティング課長，シティセールスプロモーションマネージャー，メディアプロモーション広報官），政策法務に弁護士，防災危機管理に自衛官OBを採用しています。

◆適材適所の人材活用

組織の成果は，職員として採用した人材から，どれだけ多くの能力を引き出せるかで決まります。それは採用した誰を，どの仕事に就け，異動させ，誰を昇進させるかの適材適所の実現であり，これは組織の責任です。スリムな組織経営と4C職員を制度的に活用できるようにします。流山市ではこれを下記の人事制度で取り組みます。

（1）現場ニーズに応じた人材配置の実現

（2）人材の評価

（3）経歴管理の有効活用

（4）自己申告制度の充実

（5）庁内公募制度の導入

（6）昇任管理の充実

人材配置では，職員の個々人の能力を熟考し，職員の能力を引き出す配置を，所属長の意向を取り入れて実施しています。人材の活用は人事担当部署だけが担うものではなく，ライン部署が担っていくべきものです。

そこで各部局において，求める人材要件を明確にし，各職員の能力の評価を，経歴管理結果を活用して「特徴と強み」を見出し，そこで配置とその職務に必要な教育を考えます。適正な人材評価は，職員が高いモチベーションを仕事で維持する上で欠かせません。人事評価システムを全職員に適用していることも評価できます。

異動は，個々の職員を最も適した仕事に就かせることができる組織特有の機能です。自己申告制度の異動申告と庁内公募制度の活用で本人の希望を尊重することは，適材適所の人材配置と本人のモチベーション向上の重要な要素です。市では課長昇任研修の充実やチャレンジ係長昇任試験と自主希望降格制度を用意し，個々職員の活性化に取り組んでいます。

仕組み⑥人材　市民起点の組織を担える人材を育成しています

◆目指す職員になるための人材の育成

仕事で様々な経験をすることで，新しい能力，不足していた能力が発見できます。教育・研修の必要性です。組織には万能な人はさほど必要ではありません。能力の不足や4C職員の育成は，人材育成基本方針に基づいた研修制度の充実により，新たな職務への異動や各自の成長段階において適切な育成を下記の方法で計画します。

(1) 自己啓発・自学への支援

(2) 職場内研修

(3) 職場外研修

(4) 研修成果等発表の場の提供

組織の仕組みや制度を変えたとしても，職員の一人ひとりの向上志向が伴わなければ成果は半減します。職員が自分に必要な知識や能力を認識し，自らの意思で能力開発に努める自己啓発が重要です。

能力の向上には日々の蓄積が必要です。自己啓発への取組みが，その役割を果たします。自己啓発を尊重する組織風土の形成は，研修効果も高め継続的な能力向上に有効です。市では職員が市民ニーズに対応していくには，前向きな姿勢による自己研鑽が必要であるとして，「職員自主研修助成制度」を設けてそれを支援しています。

職場内研修（OJT）は，職員が職務上の能力を習得するに有効です。実践的なスキルや能力養成に役立ちます。職場外研修（Off-JT）は，職場内では気づきにくい課題や新たな社会情勢への対応，及び専門的な課題に対応するのに有効です。社会との幅広い真摯な連携が求められていながら，依然として内向きになりがちな行政組織にとって様々な形式での職場外研修（Off-JT）は大切です。研修内容の報告と業務への活用で，研修成果の職場での共有化と内容の実践を図ります。それを受け入れる現場組織の「人材重視」とするマネジメント体制の構築が不可欠になります。

8-3 個人の能力を発揮する仕組み

主体性・創造性のある職員を育成・支援します

> **Point**
>
> 適切な人材育成制度に職員個人のモチベーションが重なると大きな飛躍が期待できます。その要点は個人の主体性と創造力です。

1. 職員の主体性・創造性を高める組織体制

◆職員の主体性と創造性の必要性

　組織は人の協働体です。組織目標の達成は、職員一人ひとりの働きに依存します。多様・複雑化する環境変化に迅速に対応し、常に市民から見て最適な行政サービスを提供する組織を実現するには、そこで働く職員の主体性、創造性の発揮がポイントになります。

　多階層組織で主体性に欠け創造性に乏しい組織では、市民や社会の変化に対応する地域経営を担うことはできません。職員の専門知識が不足していたり、モチベーションが低かったりすると、市民が期待する組織目標の達成にはなりません。社会に害をなします。

　そこで流山市では、市民の声を直接伺いながら課題を発見し、これまでの前例や固定観念にとらわれない取組みの実現には「主体性・創造性」が必要とし、「新行財政改革実行プラン」「流山市行財政経営戦略プラン」「流山市行財政改革・改善プラン」でのスリムな組織体制の構築、庁内分権の推進の方針、行政経営の改革・改善を通じて、主体性と創造性の発揮が可能な環境づくりと、職員のモチベーションを引き出すための経営体制の整備を進めています。

仕組み⑥人材　市民起点の組織を担える人材を育成しています

◆組織の階層と編成の決定方法

　全庁的な組織階層は，意思決定の迅速化のために組織階層のフラット化をすすめ，基本的に部長，課長，係長の3階層にしました。組織編成では，縦割り弊害の防止と政策の総合推進をねらいに大括りの編成を志向し，政策課題には短期の組織編成で機動的に対応します。

　組織構成の決定では，現場の主体性を重視し，各部局から提出された意見や要望に基づいて，所管部署が調整決定します。環境の変化に素早く対応するため，部内の年度途中の職員の配置や応援態勢に関する対応は各部局の判断で行います。市民と協働して市民のニーズに迅速に対応していくために，市民に分かりやすい，政策課題に即した組織にしています。

2. 職員の主体性・創造性を高める環境の整備

　職員一人ひとりが意欲を持って主体的に自己の能力開発に取り組み，創造的な能力発揮ができるよう様々な制度を準備しています。

◆職員提案制度

　この制度は，行財政運営の推進・改善等について職員の提案を求めることで，自らの課題を発掘し解決していく主体性のある職員を育成し，職員の意識高揚や事務事業の効率化，市民サービスの向上に寄与することを目的とします。提案内容は実践的な内容が多く，優秀な提案は市長が表彰し現場での実施を促進します。

◆職員自主研修補助制度

　市の組織外から様々な知識や情報を吸収し，組織の創造性を高める効果的な研修を自己啓発の一環として行う職員を支援する目的で設けられた制度です。グループでの自主研修も対象になります。

◆改善（カイゼン）による工夫や創造力の発揮

　2016（平成28）年度よりスタートした「行財政改革・改善プラン」により，多くの職場で次々と新しい取組みが生まれています。これはトヨタ自動車を参考に，職場内にあるムダの排除や業務の見える化，4S（整理，整頓，清掃，清潔）などによる業務改善が，職場内で浸透しつつあることを意味します。「改善（カイゼン）」での工夫や創造から各組織で新しいノウハウが誕生しています。この現場職員の改善活動に焦点を当てた情報を「カイゼン通心」で公開することで改善（カイゼン）の共有を進めています。

資料出所：流山市

重要成功要因 経営の仕組みを担える人材の育成　KSF

　「人口増」を可能にする6番目の経営の仕組みは，以上の「人材開発の仕組み」です。適切な人材が確保できなければ，これまでの経営の仕組みの効果は半減します。この点，流山市の経営体制は，総合計画（提案する価値）→行財政改革（それを実現する体制）→そして人材育成（体制で働ける人材）とつながり，経営の仕組みを担う人材を育成する志向（KSF）が明確です。

　流山市人口増実現の経営の仕組みの最後は「協働」です。地域経営最大の経営資源は，行政ではなく市民です。この潜在化している資源を発掘し活用できる経営の仕組みが必要です。

仕組み⑥人材　市民起点の組織を担える人材を育成しています

こうして流山市は人口増を実現している

第9章

仕組み⑦協働

協働で地域社会を共創しています

7番目の経営の仕組みは,市民との協働と共創の仕組みです。流山市は,地域の一番の資源は市民とし,市民を恵みを受ける対象としない市民自治の本質を追求しています。

③市民ニーズの理解と信頼

①真摯な リーダーシップ	⑤市民起点の 政策マーケティング	⑦市民との 協働と共創
②ビジョン& ミッション	④全庁と各部の 経営(マネジメント)	

⑥組織と職員の能力開発

（ ―流山市に人口増をもたらした7つの経営の仕組み― ）

9-1 自治基本条例の制定

市民を自治の主役
にする仕組みを条例化します

◯Point◯

　市政を根本から変えるには，自治にかかわる利害関係者の関与のルールを作る必要があります。その柱が自治基本条例です（市長）。

1. 自治基本条例の2つの特徴は参画と活用

◆自治の主役は市民

　井崎市長は，「自治基本条例は流山市が目指す自治（まちづくり）の理念やそれを推進するための基本ルールを定めたものです。その自治の主役は市民です。市民が主役の実現には，市長や議会の構成が変わっても，市民自治が後退したり再び財政危機に陥らないようにするための市民起点の仕組みが必要です。それが『自治体の憲法』である自治基本条例の制定で必要かつ重要なことです」と語ります。

市民協議会は公募による20代〜70代の38名の委員で構成

資料出所：流山市

　流山市は，2009（平成21）年4月，千葉県で初めての自治基本条例と議会基本条例の同時施行を行います。市長は，流山市の自治基本条例には，2つの誇る

仕組み⑦協働　協働で地域社会を共創しています

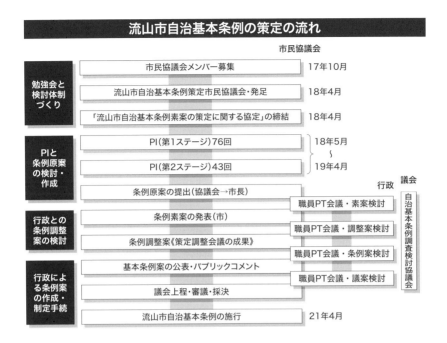

べき特徴があるとします。1つは，自治基本条例の策定過程における市民の主体的な参画水準が高いこと。2つめは，自治基本条例が，その後の市民自治の推進に活きるよう規定していることです。

◆特徴①：3,442人の参加と7,000件の意見収集（上図参照）

　まず最初の特徴は市民の主体的，積極的な参画です。2005年，流山市は，自治基本条例の制定を目指すことを決定します。市民原案を策定する自治基本条例市民協議会委員を公募し，市民38人でスタートします。市民原案の策定づくりは，「自治始めます」をキャッチフレーズにして，PI（パブリックインボルブメント：市民が市民同士で自分たちの街について議論して決める）の手法を活用します。

　委員が市民，自治会，NPO，商工会，高校生，PTA，議員など，様々な立場の人との対話集会でその意見や想いを聴き，その意見を集

約しながらゼロから原案を策定します。法令事実の積み上げです。日本一とも言われる119回の開催で，3,442人が参加し7,000件の意見を聴取しました。まさに市民自治の実践です。

こうして「市民の主体性，参加と協働の仕組み，将来の地域コミュニティ，行政と議会の方々への期待」を柱にした市民原案が，2007（平成19）年9月に市長に手渡されます。

翌年の2008年1月からの7ヶ月間は，市民協議会代表，行政代表，学識者による策定調整会議を設置し，市民原案と行政素案を公開の場で議論します。「案相互の違いについての白熱した議論」と「安易な妥協なし」による創造的な調整による案の策定です。これも市民自治の実践であり流山市の特徴です。その後，法規審査や議会の自治基本条例調査検討協議会での協議，パブリックコメントを経て，2009（平成21）年3月議会に提出し，賛成多数で可決されます。

◆特徴②：自治基本条例を徹底して活用する

2つめは自治基本条例の活用面での特徴です。策定して終わりではなく，市民自治の推進のため流山市自治基本条例の第40条第2項で，「条例の実効性を確保するため，必要な制度等の整備に関する年次計画を定め，この条例の運用状況等を調整し検討し，その結果を公表しなければなりません」と規定します。

流山市では，年次計画を策定して取り組みます。具体的には，2009年に情報公開条例の改正と財政状況を市民に知らせる財政白書の策定，2012年には議会の議決案件としての後期基本計画の可決，2012年の市民参加条例，2017年の市民投票条例と健全財政維持条例の制定と続きます。

こうして，流山市は，自治基本条例を活用し，市民を自治の主役に変えていく仕組みや方法を計画的に制度化し，市民自治によるまちづくりを推進しています。

仕組み⑦協働　協働で地域社会を共創しています

2. 市長の2つのこだわり

◆市民自治が後退しない仕組み作り

　自治基本条例策定において，市長が留意した点が2つあります。1つは，計画行政の実行です。第22条第2項に，「市長は総合計画における基本構想のほか，その直近の下位計画である基本計画についても，議会の議決を経なければなりません」があります。これにより，行政の計画が市長の思いつきや議員の圧力で歪められることが少なくなり，市民自治による計画行政の推進が図られるようにしました。

　もう1つが，市民が知らない間に借金を増やさない仕組みを作ることです。第23条第5項に，「市長は，歳入における市税の2割を超える地方債を発行する事業を実施する場合は，市民投票などの多様な方法によって必ず市民に意見を求め，その結果を尊重しなければなりません」があります。これにより市政における大きな後年度負担を伴う事業を市民に知らせて，意見を求めることを義務化しました。

　こうして議会の総合計画の議決を通した計画行政への協働と責任，重大事項に関する市民の直接関与で，市民が主役で，議会と市がそれを脇役として働く形が浮かびあがります。それは，市長が交代しても市民主役の市民自治が後退しない仕組み作りです。

◆市民の総意は少数の賢人よりまさる

　自治基本条例の策定に着手してから4年間の，主権者である市民が主体となった策定プロセスは，流山市における市民自治の一里塚とも表現できる大きな前進になりました。

　井崎市長は「自治の仕組みをつくるうえで最も重要なことは，市民が常にその中心にあるという姿勢を形にすること」と語ります。「市民の総意は少数の賢人よりまさる」とせずして，社会の発展はありません。真摯なリーダーシップの発露です。

9-2　イベントとNPOを通じた協働と共創

市は「市民ができること」「地域ができること」を全力で支援します

Point

流山市の強みの1つに市民の協働意識の高さがあります。行政は自らの領域を常に見直し，市民同士の協働環境を整備しています。

1. 協働の重要性

◆市民の知恵と力を活かす協働による共創のまちづくり

　流山市自治基本条例の「基本理念」の第4条第1項で，「市民は，自治の主体であり主権は市民にある」とし，第6項で「市民等，市及び議会は，協働によるまちづくりを推進していくもの」とし，流山市の特徴の一つである市民主体の協働による共創が明文化されました。

　この市民と関係者の協働による共創は，多様，複雑化している地域社会では，地域経営の不可欠な要素になります。マーケティングの中心も，作り手主体から，協働（Collaboration）による共創（Co-creation）へのマーケティングに移行しています。顧客である市民のニーズを軽視する独善的な行政は，社会に害をなします。

　井崎市長は就任以来，「市民の知恵と力を活かす仕組み」の構築に取り組んできました。公共サービスと街づくりを，行政のみが担い続けることは，質的にも量的にも限界があります。地域を熟知する市民の要望を踏まえた，より効果的，効率的な地域経営が求められているとし，市民の英知や行動力を市政に反映するため，市民起点の協働による共創の街づくりを推進しています。

仕組み⑦協働　協働で地域社会を共創しています

◆市民と行政，市民同士の協働による共創

　自治基本条例の目的を達成するため，「市民ができること」「地域ができること」「行政が行うこと」を市民と共に考え，市民の力を結集し，「市民と行政の協働による行政経営」を目指します。またその実現のために，積極的に情報提供を進め市民との情報共有を図ります。

　具体的な取組みとしては，既に2005（平成17）年に，流山市民活動団体公益事業補助金制度を開始します。これは地域で抱える社会的課題の解決に向けて，NPO法人などの市民活動団体が自発的に行う市民公益事業を対象にし，自立に向けた事業を促進することを目的としています。市民目線による先駆性や柔軟なアイデアなどの創意工夫が活かされた市民公益事業で，実施の必要性が認められる分野の事業が対象です。公開のプレゼンで補助金の助成を決定します（上図参照）。

応募団体による公開プレゼンテーション
資料出所：流山市

　2008年には，市民による業務参画，いわゆるアウトソーシングとして，男女共同参画社会づくり啓発事業，NPO活動推進事業，図書館運営事業を，市民サービスの向上，市民との協働，コストの削減などの観点から進めます。

◆市民同士の協働による共創の成果

　このような取組みから，現在では，流山市のおよそ考えられる多くの分野で市民が公益事業を担い，市民サービスの向上に貢献しています。NPOを取得した団体が，公民館や図書館，体育館，学童保育所，

児童センター，福祉会館など多くの公共施設の運営管理を担っています。自主企画事業が増え，市民から高い評価を受けています。

　市民と行政の協働や市民団体同士の協働による共創が進み，これまでの流山市で開催されることなど想像もできないイベントが，音楽祭，スポーツイベント，展覧会，コンサート，体育祭，フェスタ（お祭り），講演会，上映会など，次々と実現しています（下図参照）。

　さらに，旧い倉庫や古民家を改装したユニークな商業施設も建設され，雇用の創出と交流人口の増加に貢献しています。流山市では，街をより快適にするために，あらゆる分野で市民の知恵と力が活きづいています。「流山の可能性を引き出すまちづくり」です。

資料出所：流山市

仕組み⑦協働　協働で地域社会を共創しています

◆職員の参画による協働の促進

　流山市は，2011（平成23）年3月に公表した「行財政経営戦略プラン」の市民参加・参画による行政経営の中で，「職員の市民活動や地域活動への積極的な参加についての奨励」を掲げます。

　職員が，地域の活動に参加することは，地域の実状を理解し，市民ニーズを体感する貴重な機会となるため，全ての部局において，参加を奨励する風土づくりに努めるとしました。これは，市民との協働による共創を市民目線で考えるには，市民と活動するのが一番早いからです。

【重要成功要因】 市政と市民の協働による共創　KSF

　井崎市長は，「流山市民は，意識も意欲もとても高いまちです。防犯・防災での自治会の活発な取組みに加え，市民の生活に係わる多くの分野で，市民団体やNPOの活動が展開され，イベント開催も多く，非日常のわくわく感を暮らしの中で感じることができます。ここまでこれたのは，市民のみなさんの知恵と力が発揮された成果（KSF）だと考えます。これからも市民の知恵と力が活きるまちづくりを進め，『住み続ける価値の高いまち』を具体的な形にしていきたいと考えています」と語ります。

　地域の安定と発展には，市民との協働による共創は大前提です。行政には市民を得心させる「成果」と市民から協働・共創してもらえる，知りながら害をなさない「真摯さ」が求められます。権力や予算規模で人を動かそうとするリーダーシップでは，協働による共創の実現は不可能になります。地域は健全な活力を失い，「人口増」は見果てぬ夢になります。

9-3　子どものそばで働ける街づくり

『母になるなら，流山市。』は『子どものそばで働ける流山市。』でもあります

Point

流山市での先駆性は，子育て環境の充実だけでなく，子育て女性の雇用創出にも積極的に取り組んでいることです。それは市民の自己実現への環境整備でもあります。

1. 育児や家事の大変さから「通勤時間」が負担に

◆「通勤時間」をなくす

　多くの人が，「母になるなら，流山市。」のコピーに共感し，都心への利便性と充実した子育て支援策から，育児をしながら仕事ができると考え移り住んできました。

　しかしこの人たちの中には，育児や家事の大変さから「通勤時間」が負担になり，仕事を辞めざるをえない人も出てきます。ベッドタウンの流山市では，働き先もそう簡単には見つかりません。これでは流山市を選んだ意味が半減してしまいます。

　市でも，「都心への利便性」「働きながら子育てができるまち」と公言しており，キャリアと働く意欲がありながらも，通勤の負担から仕事を諦める市民が少なからずいることは軽視できません。

　しかし，住む場と働く場を近づけるにしても，流山市を動かすことはできません。するとその解決策は，通勤の負担を「なくす」「軽くする」ために，地元で働く能力と場を創造することになります。これを井崎市長は「子どものそばで働けるまちづくり」と表現します。

仕組み⑦協働　協働で地域社会を共創しています

◆ユニークな「ママ向け創業スクールの開催」

そこで流山市は，2015（平成27）年に国の産業競争力強化法に基づいて「創業支援事業計画」を策定し，2015年度の新規事業として，中心ターゲットをママに限定した，創業のための「ママ向け創業スクール」を開催します（下図参照）。

市長は「私たち行政はあくまでサポート役です。ご本人の能力や意欲が大切です。流山市で独立開業する方が増えれば，ビジネスのノウハウやネットワークが拡がり，それが次の独立開業を刺激し，街の活性化に大きく貢献します。そこで他の子育て中のお母さんたちが働くことができれば，子どものそばで働くことも可能になります。市はその環境整備を全力で行います」と市民が持っている能力の発揮に期待をします。

担当課である商工振興課も「流山市に住むお母さんたちは，すごいキャリアとパワーを持っています。それを活かして地元で起業ができれば朝晩の通勤時間が減少し，事業主なので自ら働き方や時間が決められます。すると仕事をしながら育児やその他の時間も確保でき，仕事と育児の両立も可能になります」「創業スクールの講師には，母親になった後，自宅で業務委託の仕事をして，その後流山市で起業した経験を持つ人を予定しています」とその市民利点と実践性を強調します。

資料出所：流山市

2.「ママ向け超実践型創業スクール」の概要

◆企画の背景

商工振興課では,「女性のための超実践型創業スクール」を企画し女性の創業環境を強化します。

【狙い】「市内の開業率を引き上げ,雇用を生み出し,産業の新陳代謝を促すことにより,地域経済の活性化を図る。特に,子育て等で一旦仕事を退いた女性の持っている能力を地域で活かすため,女性の創業実現に注力する」にあります。

【対象】昼間人口を細分化すると中心の対象はシニア層,女性層になり,下記の理由から対象を女性に設定します。

①政策:流山市では女性の活躍促進に力を入れている。
②対象:若い子育て世帯が,様々な理由で共働きを諦めて退職する女性が多い。潜在的な対象者が多い。
③能力:その女性にはキャリアがある。
④需要:市内は若い人が増えているが,地元にはサービス業や商業施設が少ないことから,この分野の需要がある。

【内容】独自性を好む流山市は,多くの創業スクールとは一線を画し,成功するためには失敗の経験を積むことをコンセプトにします。参加ママと一緒に失敗の痛みと達成の喜びを学ぶ"超実践・即戦力型"にします。初回,市長から名刺を渡され,みんなでみんなの営業先を開拓します。何事も顧客ニーズが先です。

◆平成28年度創業スクールのカリキュラム

第1回:現状の整理　　　　　　5回:ホームページの立ち上げ
第2回:ビジネスモデルの見直し　6回:ホームページの作り込み
第3回:差別化　　　　　　　　7回:プレゼンテーション
第4回:価格設定　　　　　　　8回:卒業式

仕組み⑦協働　協働で地域社会を共創しています

◆驚異的な実績

　2015年に開校（年2回）してみると「超実践型」とネーミングしただけあって，起業意欲が高く，実行力を備えたママたちが集まります（定員15名）。内容が実践的であることから，すでに卒業生の中から，カフェ，手作りの布小物店などの起業家が誕生します。ネイルサロン，英語塾，産前産後の訪問ケアなどの開業計画もあがってきます。

　卒業時のプレゼンテーションには「母になるなら，流山市。」は「仕事も母も，流山市である。」といった内容が表明されます。下記の様な実績が出ています。驚異的です。

2015（平成27）年度卒業生の主な創業者：11名

①カフェ経営　　②料理人　　③製作デザイン2名
④フォトスタジオ　　⑤雑貨屋　　⑥テーブルコーディネーター
⑦保健師　　⑧ローフードマイスター
⑨教育サービス　　⑩手描き屋

2016（平成28）年度卒業生の主な創業者：12名

①セラピスト　　②手芸作家　　③ベビマ講師・写真サービス
④保健師　　⑤ワインソムリエ　　⑥ビーズジュエリー作家
⑦マッチングプランナー　　⑧フリーペーパー発行
⑨翻訳サービス2名　　⑩カフェ経営　　⑪麹マイスター

◆修了者の感想

Aさん：流山市には，自然が豊かで子育てに優れた環境がある。また，周りの住民の方々もあたたかく豊かな気持ちの方々が多い，「創業スクール」では創業中のママたちと励ましあえ新しい仲間ができた。また，おおたかの森で行われた「森のナイトカフェ」に出店するなど，流山市はママの起業を応援し

てくれる場が豊富である。

Ｂさん：「母になるなら，流山市。」「創業するなら，流山市。」という
点に共感し2017年8月流山に引っ越してきました。参加し
た市の創業スクールでは，経営者としての視点を磨くことが
でき，得るものが大きかったです。

　流山市の担当者は，「行政として市民の方をサポートしつつ，『働き
ながら子育てができる』環境づくりと『子育てしながら働ける』環境
づくりの両方を推進していきたい」とします。

　井崎市長も「流山は市民の自己実現を後押しする自治体です。市民
の自己実現の環境整備も，行政の仕事のひとつですから」と語りま
す。2018年の創業スクールは申込初日で満員になりました。

重要成功要因 市民が主役の地域形成　KSF

　「人口増」で総称される流山市の経営の仕組みの最後は，以上の
市民の力を引き出す「協働による共創の仕組み」です。井崎市長
に，市民と行政の関係について，協働による市民支援に関する方針
はどのような内容ですかと質問すると，「主役は市民です。流山市
には，自分たちでできることは自分たちでやるという熱意をもった
市民が多くいらっしゃいます。行政の役割は支援ではなくあくまで
環境整備です」（KSF）と答えます。

　主役は自治の主体である市民，行政は環境整備のプロ，この関係
であれば，市民が行政に過度に依存することなく，行政も公僕とし
ての本分を忘れ傲慢になることなく，地域は依存型の再生から健全
で主体性のある発展に向かいます。流山市の躍進がそれを証明して
います。

第9章　仕組み⑦協働　協働で地域社会を共創しています

こうして流山市は人口増を実現している

終章

マイナスからスタートした流山市の人口増戦略

資料出所：流山市

本文の流山市の躍進の中から，人口増に関連した主要部分を，マネジメントとマーケティングの視点から抜き出し，「流山市の人口増の戦略」として編集しました。
政策現場でマネジメントとマーケティングの活用概要が理解できます。ご活用下さい。

2M Management & Marketing による流山市の挑戦

1. 無名で借金も多いマイナスからの出発

◆人口減と少子高齢化による財政困窮の危機

　市名を読み間違えられるほど無名であった流山市の人口増実現の背景には，人口減少と少子高齢化に対する強い危機感があります。団塊世代の市民が多い流山市にとって，人口減と高齢化の進展は財政の困窮につながり，その回避策として，行政サービスの削減もあげられるほど深刻でした。

　これらの課題を解決するには，世代循環を可能とする若い層を中心に，人口を増やすことが必要でした。それは，知名度の劣る人口15万人の流山市が，隣接や沿線の規模の大きい県内居住人口3位の松戸市（47万人），5位の柏市（38万人），そして，首都圏の最強自治体との市民争奪戦を勝ち抜くことでした（上図参照）。

資料出所：流山市

　さらに，当時の流山市の周辺と沿線は，2005年開業予定のTXによる人口増の「機会」と，人口減少時代での沿線区画整理事業による

マイナスからスタートした流山市の人口増戦略

造成地の売れ残りによる財政負担増，開発で自然環境が消失し地域の価値が損なわれる「脅威」が混在している時期でもありました。

◆マネジメント（行財政）改革の重要性

2003（平成15）年に現市長が就任します。市長就任時の市の財政は困窮しており，ムダを排しその資源を優先すべき政策に集中して，そこから，市の再生につながる明瞭な成果をあげる必要がありました。

井崎市長が，再生に向けて最初に取り組んだことは，価値のある売れる街づくりといったマーケティング戦略ではなく，自己改革が伴う「1円まで活かす市政」の行財政改革でした。無駄をなくし効率的・効果的な市政経営を行うための政策の重点化，業務の見直し，組織の改革といった，つまりマネジメント改革の着手です。

井崎市長は，「行財政改革による財源や資源の確保なしでは，マーケティング戦略による市の魅力を高めるに必要な施策に取り組むことができなかったからです」とします。

ここに流山市躍進の大きなポイントがあります。素晴らしい政策アイデアを持つことは必要なことですが，それ以上に，その意図を組織を活用し市民と協働して磨きあげ具体化する経営（マネジメント）の仕組み構築は更に必要なことです。トップは1人だけでは，よき意図だけの表明で終わりがちであること，行政組織は市民の協働なしでは，意議あることは何もできないことを忘れてはなりません。

◆自治体経営者として3つの経営方針を掲げる

マネジメント改革の柱の1つは，市役所自らの改革姿勢の明示です。市民に負担と協力を求める以上，市にはそれを納得させるだけの言動が必要です。それが，井崎市長が就任後即座に実施した改革である，市長報酬の削減や市長専用車の廃止，業務でも「立ち会議」の導入で市長の会議時間を1／3に短縮，市民接点の改善などへの取組みです。

市民や地元企業の「範」となる行政組織への改革です。

市長は自らを自治体の経営者とし、「1円まで活かす市政」「市民に役立つ行政サービス」「流山の可能性を引き出すまちづくり」を経営方針として掲げ、組織改革に果敢に取り組みます（左図参照）。

「新行財政改革プラン」「行財政経営戦略プラン」「行財政改革・改善プラン」で、自己改革と職員すべてに自己を律するマネジメントと地域価値を高めるマーケティングの習得を要請し、範となる行政組織への改革に挑みました。

◆市民との信頼関係の構築を進める

もう1つの柱は、市民の信頼確保です。市長に就任して半年後、流山市では2002年度の職員採用試験まで、縁故採用や不公正な採用試験が行われていた可能性を示唆する事件報道や、常磐自動車道の流山IC隣接地に建設された清掃工場をめぐり、業者から数億円の地元対策費が流れたのではないかという報道がなされます。市民の市役所への信頼は失墜します。

健全な市政には市民の協働が欠かせないことから、この回復は急務でした。信頼の回復には、市民への情報提供と多くの対話が必要と考え、積極的な情報公開の推進、市民が意見や苦情が言いやすいタウンミーティングの開催など、情報交流が可能なアクセスポイントを多く設けました。

そこでは、住みやすい街をつくるという共通の目的を確認しながら、市長、幹部、職員が、市民の多様な意見や異論に真摯に傾聴すること

マイナスからスタートした流山市の人口増戦略

で，改革の基盤となる信頼関係を築いて行きました。このことから，2005年の自治基本条例制定に向けた取組みの開始につながります。

2. 共創型政策マーケティング第1段階【分析する】

次はこの自己改革，経営（マネジメント）改革の成果を，政策を通して市民生活の安定と発展に結びつける，共創型政策マーケティングの策定と実行です。本書での流山市の取組みを，下記のマーケティング体系[1]で分析します（下図参照）。

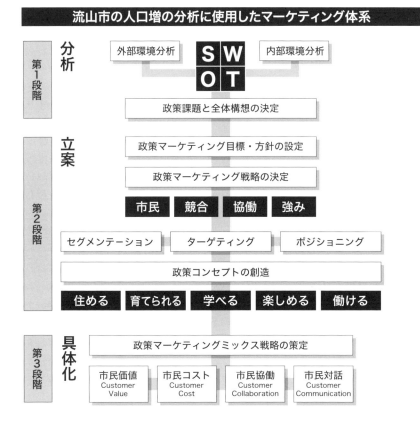

◆第1段階：環境分析と政策課題の決定

共創型政策マーケティングの第1段階は，環境分析と政策課題の決定です。

STEP1：内外の環境分析の実施

外部の機会と脅威，内部の強みと弱みを把握します。

STEP2：政策課題の検討

把握内容をマーケティングの手法であるSWOT分析を活用して検討します。

市には，人口減少，宅地販売の売れ残り，競争激化といった「脅威」があるものの，都心での生活負担費の高止まり，子育てに関する一貫したサービスへのニーズ，都心へ電車で25分の利便性に，発展の機会があることを発見します。

「強み」は，「ゆとりある住宅整備ができる環境」「街全体の緑の多さ」「醸造業や宿場町として栄えた歴史」がある。「弱み」は，「市民の高齢化の進展」「大企業や商業施設が少ない」「知名度が低い」「旧い行政体質がある」などです。

STEP3：全体構想の決定

機会と強みを重視するを基本方針にして全体構想を考えます。市民税が主体の流山市で，高齢者を支えながら持続可能な歳入構造を確立するには，働く世代と次世代を増やすことが必要になります。

そこから，政策課題の全体構想を

①政策対象を子育て世代に設定する。

②市の都心への利便性と住環境の良好性，そこに万全の子育てと教育政策を組み合わせる。

③これらの政策をマーケティング力で最適価値として訴求し，その内容をマネジメント力で確実に実行できれば，他からの流入が実現するとし，次の第2段階の政策立案につなげます。

マイナスからスタートした流山市の人口増戦略

3. 共創型政策マーケティング第2段階【立案する】

◆第2段階：政策目標・方針の設定と戦略・コンセプトの創造

　共創型政策マーケティングの第2段階は，政策目標・方針の設定と政策マーケティング戦略の決定，そして政策コンセプトの創造です。

　STEP1：政策目標・方針の設定

・目標：市民増の実現

・方針：①対象市民を明確にする。

　　　　②政策にマーケティングを活用する。

　　　　③長寿社会のもと，財政的にも持続可能な街づくりを進める。

　STEP2：政策マーケティング戦略の決定

　市民，競合，協働，強みの視点から検討します。

・戦略：①若い世代の結婚・出産・子育てのニーズに密着する。

　　　　②政策に地域と対象市民に適合する独自性を盛り込む。

　　　　③緑や地域の協働力など地域の強みを活かす。

　　　　④限られた財源を集中する。

　STEP3：政策コンセプトの創造

　STP（Segmentation→Targeting→Positioningt）プロセスの活用による政策コンセプト（Concept）の創造です。

　STPプロセスは下記のようになります。

　【S】セグメンテーション：対象市民の細分化です。適切な対象市民を設定するために，多様な市民ニーズを区分して把握し，最適な対象市民の設定に結びつけます。

　【T】ターゲティング：対象市民の選定です。細分化した対象市民から，「30代～40代前半の共働き子育て世代」を対象市民として選択します。この世代のニーズに対応するには，働き続けながら子育て・教育ができる環境の整備が重要になります。

　【P】ポジショニング：政策の独自性，優位性の発揮です。目標で

ある対象者の流入促進には，競合する自治体との違いが必要になります。そこで，中心都市に近い割に落ち着いた街並みと緑が多いという，他にはない強みを活かして，都会の洗練さと豊かな自然の両方を楽しめる点に，街のポジショニングを定めました。

【C】政策コンセプト：政策コンセプト，新価値の創造です。これまでの検討から，街のコンセプトは，「都心から一番近い森のまち」とし，このブランド化を目指します。

資料出所：流山市

政策コンセプトの内容は下記のようになります。

〈住　め　る〉良質な住環境の整備
〈育てられる〉子育て環境の充実
〈学　べ　る〉教育環境の整備
〈楽　し　め　る〉洗練された商業・都市空間の形成
〈働　け　る〉子どものそばで働ける

4. 共創型政策マーケティング第3段階【具体化する】

◆第3段階：政策マーケティングミックス戦略の策定

　第3段階は，政策コンセプトを具体化する政策マーケティングミックス戦略の策定です。市民価値，市民コスト，市民協働，市民対話[2]で構成します。

終章　マイナスからスタートした流山市の人口増戦略

STEP1：市民価値戦略の推進

　最初は良質な住環境の整備です。開発で失われた緑を，住宅や商業施設の緑化で再生する「グリーンチェーン戦略（2006年）」，「景観条例（2008年）」一定規模以上の集合住宅計画に，子育て支援施設の設置依頼，敷地面積がある一定面積以下にならないよう要請する「開発事業の許可基準等に関する条例（2010年）」などの法整備を行いました。

　2番目は子育て環境の強化です。待機児童ゼロを最優先課題として，許認可保育園の新設・増員により定員数を倍増します。送迎保育ステーションを市内2駅に設置し（2007年），市内全保育園への送迎を行います。保育士確保策として「保育士処遇改善」「保育士就労奨励金」「保育士用宿舎借り上げ家賃補助」などを行います。

　3番目は教育環境の充実です。「学ぶ子にこたえる，流山市。」を目標に，2012年に全中学校に，「算数・数学学習指導員」と「英語指導助手」を配置し，小学校にはネイティブのスーパーバイザーを配置して，学ぶ子と共働き子育て世代の教育ニーズに対応します。

環境
グリーンチェーン戦略

子育
送迎保育ステーション

教育
英語教育

雇用
創業・就職支援

資料出所：流山市

4番目は働く場の整備です。「子どものそばで働けるまちづくり」を掲げ、地元で働きながら子育てをする環境の整備です。「流山で創業を目指す女性を対象にした創業スクール」「女性のためのキャリア支援講座」「子育てママが働ける会社説明会」を開催し、スキルの開発や開業、就職を支援しています。また郊外に流山市の労働力を活用する複数の大型物流施設の誘致に成功し、現時点で約8,000人規模の雇用を創出しています。

STEP2：市民コスト戦略の推進

政策の立案・実施には、資源であるコストの投入が必要ですが、大事なのは成果とコストの比率です。市では、予算編成や政策形成へのマーケティング適用と、部局マネジメント強化によるPDCAの徹底で政策の成果を高め、入札制度の変更などで投下する税金額を引き下げ、成果に占めるコスト比率の最小化に挑みます。現在では、市税収入に対する人件費比率を大幅に引き下げ、市民一人当たりの行政コストは、全国トップクラスの低さです。

STEP3：市民協働戦略の推進

市長は就任以来、市民との協働や、「市民の知恵と力を活かす仕組み」の構築に取り組んできました。2009年には自治基本条例、2012年には市民参加条例、2017年には市民投票条例を制定します。

資料出所：流山市

NPOを取得した団体が、公民館や図書館など、多くの公共施設の運営管理を担っています。そこでは、市民と行政の協働や市民団体同士の共創から、市民も参画する独自な最上級の企画が、フェア、展覧会、コンサート、市民講演会などで実現し、さらに、旧い倉庫や古民家を改装したユニークな商業施設も建設され、雇用の創出と交流人口の増加に大きく貢献しています。

マイナスからスタートした流山市の人口増戦略

STEP4：市民対話戦略の推進

資料出所：流山市

最近はマスコミの取材も多く，テレビ，雑誌，インターネットを通じての知名度アップが図られています。その中で，最もヒットした作品が，都心に通勤，在住する人を対象として，都内各駅に貼り出した，「母になるなら，流山市。」「父になるなら，流山市。」「学ぶ子に応える，流山市。」といったコピーの大型ポスターです。見た人の子育てに関する潜在ニーズを引き出し，都心での，流山市の好感度と注目度を高めました。よく考えられた政策のコンセプトは，対象者の心をつかみます。

5. 流山市の取組みから：職員すべてに必要な2つのこと

◆人口増は続き高齢化比率は現状のままに

こうした取組みが，流山市の人口数に好ましい異変をもたらしています。流山市では，国立社会保障・人口問題研究所市の将来推計人口とは別に，次期総合計画策定で使用する将来人口推計（次ページ図参照）を公表しています。それよると，人口は2027年の206,069人（中位数）まで増加を続けます。進むはずであった高齢化は若い人の転入により，現在の高齢化比率である24％台を2028年まで維持します。若い人の転入は，子どもの増加につながります。流山市の小学校では，2人の子以上の家庭が多く，低下し続けていた世帯人員も下げ止まっています（平成27年実施の国勢調査では2.46人：全国2.38人）。

日本の総人口のピークは2008（平成20）年の1億2,808万4千人です。端的に表現すると，国家経営は現時点までの10年間，顧客である国民を失い続け，流山地方経営は15年間，顧客である市民を増や

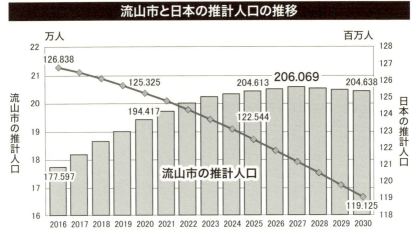

流山市と日本の推計人口の推移

資料出所：流山市と国立社会保障・人口問題研究所

し続けています。民間の場合であれば，これをマネジメント（経営）力，マーケティング力の差と評価し，前者に大変革を求めます。

◆マーケティング課の活躍

　これからは，序章で明らかにしたように「人口が減りにくいまち作り」への挑戦です。その戦略は，戦略1：母都市への交通利便性の向上，戦略2：良質な住環境の維持・向上，戦略3：快適で楽しい都市環境の創出，戦略4：ブランディング戦略の推進です。

　市の各部署がこの戦略を遂行しますが，それらの活動をマーケティングで支援するのがマーケティング課です。その使命は，「共働き子育て世代を中心に人口を増やす」ことにあります。目標は，これまでの知名度アップか

資料出所：流山市

マイナスからスタートした流山市の人口増戦略

ら，市外の方には「住んでみたい街」，市民の方には「住み続けたい価値のある街」への挑戦です。流山市が良かったから選んで住んだ，そして住み続けると評価される街，住んでいることに誇りが持てる街になることです。

◆職員すべてに必要な2つのこと

　井崎市長は，庁内にはまだまだ不足な点，やるべきことは至る所にあると断った上で，「経営（マネジメント）とマーケティングでなすべき基本は企業も行政も同様で，経営（マネジメント）とマーケティングは，行政の職員が，社会に貢献できる成果をあげる方法論とし，この2つを職員すべてに必要なもの」とします。そして「流山市での実績から，社会経済条件が相対的に劣位でも，経営（マネジメント）とマーケティング力でまちは発展できる」とします。

　知名度が著しく低く，財政が困窮していた流山市は，マネジメント改革の実践で組織の経営力を高め，マーケティングの導入で市民起点で市民と共創し，地域の資源を見つめ直し，掘り起こし，耕し育て，15年間で4万人弱の新市民を呼び込める地域資源に創造しました。自治体の底力であり誇るべき成果です。

　行政組織に成果をもたらす真摯な経営（マネジメント）と，政策に成果をもたらす市民起点のマーケティングは，地域社会の安定と発展を担う行政組織と，そこで働く地方公務員すべてに，保有する福祉と協働の専門知識を活用して成果をもたらす無二の方法論です。この活用なくして，地域の再生も「人口増」もありません。

　この2つの修得は，これから本格化する人口減少社会で，市民と接する地方公務員であるあなたの一般教養であり，かつ最優先すべき必修科目でもあります。その先に，あなたの活躍と地域の未来があります。

正道（Right Track）と御礼

　人口減少と少子高齢化は，日本の喫緊の課題です。この解決の糸口の一つが，本書で明らかにした流山市の人口増の実例です。この実例から学ぶべきことを3つに凝縮すると下記の事項になります。正道（Right Track）です。

　1. エビデンスのある人口増ビジョンの策定（ビジョン）
　2. ビジョンの実現を可能にする仕組みの構築（システム）
　3. その仕組みを担える人材の育成（ヒト）

　この正道には，巨匠ドラッカー，巨星コトラー，泰斗コリンズが明記する標識があります。ドラッカーは，組織に成果をもたらすマネジメントを，コトラーは，政策に成果をもたらすマーケティングを，コリンズは，ビジョナリーな経営の仕組み構築の重要性を指摘し，正道の歩き方を提示します。

　しかし多くの組織が邪道を歩み困窮しています。3人の先達はその原因も明示し，ドラッカーは，知りながら害をなす真摯さなきマネジメントは邪道へ，コトラーは，市民志向を徹底しない組織には未来はない，コリンズは，私がリーダーと声高に叫ぶカリスマに頼る組織は社会を忘れるとします。

　流山市の躍進には，3人の標識を活用し原因の悪癖を最小にする見識があります。例えば，市長や職員に見られる真摯な言動，総合計画でのエビデンスのある地域ビジョンの策定，行財政改革での経営の仕組み構築，政策への市民起点のマーケティングの適用などがその取組みです。

　真摯な言動と様々な市民起点の取組みが地域の活力を喚起し，それを「まちづくり」に結集します。その成果がドラッカーが組織の目的

とした市民の創造であり「人口増」です。学び活用すべき実例です。

　最後に本書の完成には，多くの人たちの協力が必要でした。特に，複数回の長時間インタビューを快諾していただいた井崎市長と秘書広報課を中心とした各部署職員の方々との共創なくしては，本書の誕生はあり得ませんでした。御礼申し上げます。書籍の刊行は，株式会社同友館出版部にお願いしました。

　また，つねに内発的なモチベーションの源泉である亡父母，妻智子，優，正志に，改めて感謝致します。

淡路富男　平成30年9月

引 用

1章

（1）流山市の人口数は住民基本台帳による各年4月1日現在の人口数を使用する。

（2）2005（平成17）年の各市の人口は国勢調査を使用し，2018（平成30）年の各市の人口は4月時点の人口資料を使用，八潮市は2017年4月時点の人口資料を使用する。

（3）KSFとは，Key Success Factorの頭文字で，訳すと「重要成功要因」「カギとなる成功要因」となる。内外の環境分析から抽出する。

（4）拙著『ドラッカーに学ぶ公務員のためのマネジメント教科書』（同友館），P.72-75

（5）拙著『ドラッカーに学ぶ公務員のためのマネジメント教科書』（同友館），P.56-59

（6）拙著『ドラッカーに学ぶ公務員のためのマネジメント教科書』（同友館），P.60-63

（7）井崎義治著『ニッポンが流山になる日』（ぎょうせい），P.9

（8）ドラッカー著上田惇生訳『マネジメント（上)』（ダイヤモンド社），P.171

2章

（1）ドラッカー著上田惇生訳『マネジメント（上)』（ダイヤモンド社），P.73

（2）ジム・コリンズ，ジェリー・ポラス著山岡洋一訳『ビジョナリーカンパニー』（日経BP出版センター），P.37

（3）拙著『ドラッカーに学ぶ公務員のためのマネジメント教科書』（同友館），P.46-49を参考にする。

3章

（1）いざきサポーターの会/編『流山が輝く日！』（いざきサポーターの

会），P.47

(2) ドラッカー著上田惇生訳『非営利組織の経営』（ダイヤモンド社），P.9

(3) 井崎義治著『ニッポンが流山になる日』（ぎょうせい），P.13

(4) 拙著『ドラッカーに学ぶ公務員のためのマネジメント教科書』（同友館），P.50

(5) コトラー『マーケティングは日本を救うか コトラー米ノースウェスタン大教授に聞く』日本経済新聞社，2013/7/28の記事

(6) コトラー著恩藏直人訳『コトラーのマーケティング・コンセプト』（東洋経済新報社），P.6

4章

(1) SWOT分析に関しては，拙著『コトラーに学ぶ公務員のためのマーケティング教科書』（同友館），P.100-105を参照。

(2) ドラッカー著上田惇生訳『マネジメント：エッセンシャル版』（ダイヤモンド社），P.50

(3) 拙著『ドラッカーに学ぶ公務員のためのマネジメント教科書』（同友館），P.116

(4) ドラッカー著上田惇生訳『マネジメント：エッセンシャル版』（ダイヤモンド社），P.50

5章

(1) 細分化については，拙著『コトラーに学ぶ公務員のためのマーケティング教科書』（同友館），P.128-131を参照。

(2) 細分化基準については，拙著『コトラーに学ぶ公務員のためのマーケティング教科書』（同友館），P.131を参照。

(3) ハーバード大学ビジネススクールの名誉教授であるジェラルド・ザルトマン博士の諸説

(4) 1994年にヘスケット，サッサーらによって示された，サービス企業の調査・分析から産まれた，従業員満足・顧客満足・業績の因果関

係を表したモデルである。行政では住民，行政サービス，職員，組織が，どのような関係を構築すれば，組織の成果につながるのかを示したモデルになり，定住意向と住民満足の関係，住民満足と職員満足，職員満足と組織体制との関係などを体系的に示すモデルとして活用できる。

7章

(1) コトラー，ナンシー・リー著『社会が変わるマーケティング』（英治出版株式会社），P.26-27

(2) STPについては，拙著『コトラーに学ぶ公務員のためのマーケティング教科書』（同友館），P.128-156を参照。

(3) コトラー，ナンシー・リー著『社会が変わるマーケティング』（英治出版株式会社），P.28

終章

(1) 行政マーケティング計画の策定について，拙著『コトラーに学ぶ公務員のためのマーケティング教科書』（同友館），P.220-229を参照。

(2) 拙著『コトラーに学ぶ公務員のためのマーケティング教科書』（同友館），P.158-219を参照。

◉著者紹介

淡路富男（あわじとみお）：行政経営総合研究所代表

【経歴】民間企業を勤務後，民間大手コンサルティング会社，㈶日本生産性本部主席経営コンサルタントを経て，現在は行政経営総合研究所の代表。各シンクタンクのコンサルティング，研修も担当する。

【専門】総合計画，行政経営，行政改革，行政マネジメント，自治体マーケティングに関するコンサルティング，研修，講演，執筆。

【活動】民間企業のコンサルティングと並行して，「行政経営導入プログラム」を開発し，地方自治体での行政経営改革コンサルティング，行政経営研修，戦略・論理思考研修，マネジメント研修，自治体マーケティング研修，講演，研究，執筆活動などで成果をあげている。

【役歴】各自治体での総合計画審議委員，行財政改革審議委員，行政改革推進委員，各自治体職員研修所での研修講師なども歴任。
中小企業診断士（経済産業省）。

【著書】『コトラーに学ぶ公務員のためのマーケティング教科書』（同友館）
『ドラッカーに学ぶ公務員のためのマネジメント教科書』（同友館）
『突破する職員：共著』（公職研）
『三鷹がひらく自治体の未来：共著』（ぎょうせい）
『自治体マーケティング戦略』（学陽書房）
『民間を超える行政経営』（ぎょうせい）
『首長と職員で進める行政経営改革』（ぎょうせい）
『実践マーケティング戦略』（同文舘）

【雑誌】『ガバナンス』『地方財務』（ぎょうせい）
『地方自治職員研修』（公職研）
『国際文化研修』（全国市町村国際文化研修所）

【連絡】E-Mail：awaji@jcom.home.ne.jp
URL：https://awaji333.jimdo.com/

2018年10月15日　第1刷発行

こうして流山市は人口増を実現している

Ⓒ著　者　　淡 路 富 男

発行者　　脇 坂 康 弘

発行所　　株式
会社 同友館

〒113-0033 東京都文京区本郷 3-38-1
TEL.03(3813)3966
FAX.03(3818)2774
https://www.doyukan.co.jp/

落丁・乱丁本はお取り替えいたします。

ISBN 978-4-496-05377-1

三美印刷／松村製本所

Printed in Japan

本書の内容を無断で複写・複製（コピー），引用することは，
特定の場合を除き，著作者・出版者の権利侵害となります。

ドラッカーに学ぶ
公務員のための
マネジメント
教科書

淡路富男　著
定価　1980円＋税

次世代公務員の必携書。
使命と成果に貢献する方法論。

【目次】

1章　**マネジメント必要編**
　　　―マネジメントが公務員と行政組織に必要な背景と成果を
　　　　もたらす理由

2章　**マネジメント基本編**
　　　―組織を通じて成果を実現するマネジメントの基本手順と内容

3章　**マネジメント政策編**
　　　―政策・施策・事務事業にマネジメントを適用して総力を
　　　　結集する

4章　**マネジメント展開編**
　　　―マーケティング戦略とイノベーション戦略を活用して
　　　　住民創造を実現する

5章　**マネジメント日常編**
　　　―毎日の日常業務にマネジメントを適用して成果を実現する

終章　**マネジメント事例編**
　　　―M市マネジメント導入の成果と成功要因

コトラーに学ぶ 公務員のためのマーケティング教科書

淡路富男 著
定価 2000円+税

公務員と行政組織にとって必要なマーケティングの考え方と体系を実践的に解説。

【目次】

1章 **マーケティング必要編**
　　―マーケティングの成果と必要性

2章 **マーケティング概要編**
　　―行政マーケティングの定義と体系

3章 **マーケティング分析編**
　　―行政マーケティング分析と政策課題の決定

4章 **マーケティング策定編**
　　―行政マーケティング基本戦略の策定と政策・公共サービスの
　　　コンセプトの創造

5章 **マーケティング展開編**
　　―行政マーケティング・ミックス戦略の策定

終章 **マーケティング事例編**
　　―選ばれる街への道